1億円の借金を完済して

億女になった 私が伝えたい

世界一シンプルな 金脈のつくり方

実業家
菅 美和
Miwa Kan

KADOKAWA

お金の本質を知ったら……

喜びの声、声、声！

私の講座を受けられた方、金脈鑑定にお越しくださった方……
お金の流れが劇的に変わった方、金脈を開花した方はのべ1万人。
喜びのお声が多く届いています。

仕事が好調！

「月収15万円の会社員から**年商5億の社長に転身**」
「年商7000万円の事業が、**年商1億8000万円に急成長**」
「公務員を退職後に起業し、**3年後には年商億超え**を達成」
「趣味のハンドメイドで事業を起こし、**売上1000万超え**」
「毎月10万円に満たなかった占いの鑑定料収入が**月95万円に**」
「専業主婦から**100名規模のセミナー**を開催できるように」

大きな買い物ができた！

「**年収の3倍の臨時収入**が入って別荘が買えた」

「通帳残高800円だった私が、**7桁の講座代**を払えた」

「**500万円の豪華欧州旅行**がわずか1カ月で叶った」

「**7万円**の服を買おうと決めたら、**ちょうどの額の臨時収入**があった」

うれしい変化！

「**毎月赤字の生活から脱した**」

「**資産家の彼氏**ができ、ゴールイン間近」

「**ご馳走**してもらう機会、**贈り物**をいただく機会が激増」

はじめに

お金を受け取るのは息をするように簡単なことです

「お金が入ってきてもすぐに出ていってしまう」「なんだかいつもお金に困っている」「貯金がなくて、将来や老後が心配」「お金がないから、やりたいことができない」

お金にまつわる悩みや不安のある人は少なくないでしょう。しかしその一方で、

お金を使っても、またちゃんと入ってくる！

お金に困ることがない！

今がとても豊かだから、未来はもっと豊か！

楽しいこと、やりたいことがいっぱい！

と思っている人もいます。

この差はいったいなんなのでしょう。それは自分の中にある「金脈」に気づき、その金脈を活かせているかどうかの違いだと、私は考えています。

私自身、金脈が開花したおかげで借金1億円を完済し、さらにいくつもの事業を成功させてきました。その過程で見つけた、必要なお金を招く方法。金脈のつくり方。それらを包み隠さずお伝えしたいというのが、本書を刊行した理由です。

本書を読んで、みなさんに目指していただきたい目標は2つあります。1つ目は億女になること。そして2つ目は、ご自身の金脈をつくることです。もう少し正確に表現すると、自分の隠れた金脈に気づき、活かしていくことです。

金脈とは単なる「お金の出どころ」ではない

ここで大事な話をします。金脈とはいったいなんなのでしょうか。金脈という言葉に、みなさんはどんなイメージがありますか。

辞書で金脈という言葉を調べると「お金の出どころ、お金を出してくれる人」のような説明があります。

しかし、**私が思う金脈とは「人の生まれ持った本質」です。というのは、生まれ持った本質がうまく作用すれば（＝金脈が開花すれ**

ば）お金はどんどん流れてくるのです。

金脈は人の本質だから、お金は本来がんばらなくても入ってきます。息をするように、お金を受け取れます。お金が入ってくる、お金が循環するというのはごくあたりまえのことなのです。

金脈をうまく使えるようになると、お金だけでなくものの流れ、人の流れ、人生の循環も大きくなります。

お金の流れが変わる実践的な書

この本では、まず第1章で「億女」の話をします。億女の本質を知り、みなさんがどんな億女になりたいかを明確にします。

続く第2〜4章では、真の億女になるため、また金脈をつくっていく前段階として、みなさんがすでに持っている「お金を招く力」

にアプローチします。

理論を語るだけではなく、かなり実践的な内容です。**第4章まで読むだけでも、お金の流れは劇的に変わります。必要な金額がスムーズに入ってくるようになり、今よりも圧倒的に豊かさを感じられるようになるでしょう。**

しかし、それで満足するのではもったいないです。第5章で触れるのは、本書のタイトルにもなっている「金脈のつくり方」です。私の講座では、より華やかでワクワクする表現がしたくて「金脈開花」と呼ぶこともあります。**金脈開花とは、あなたが潜在的に持っている金脈に気づき、その金脈を活かしていくことです。自分の金脈を活かせると、ますます思いどおりにお金が流れます。**

最後に第6章はQ&A集としました。私がクライアントさんたちからいただいてきた数多くの質問の中から、金脈開花に取り組みはじめたばかりの方々に役立ちそうなものを厳選しています。

金脈は誰にでもある！

みなさんは金脈をお持ちですか？　こう質問すると、大抵の方は「金脈＝お金の出どころ」だと思っているので、「仕事のお給料だけです」とか「持っていません」とか答えます。

そんなことはありません。金脈は誰にでも備わっています。求職中の人も、仕事を引退した人も、生活保護を受けている人だって持っています。お金を招く力は誰にでもあります。

それに気づけばお金に悩む必要などなくなります。

さぁ、金脈づくりの楽しい旅に出かけましょう。

金脈の母　菅　美和

第3章

数字マジック脳を使います

装丁　bookwall
本文デザイン・DTP　PETRICO
校正　東京出版サービスセンター
撮影　水島智子
編集協力　福島えつ子
編集　伊藤頌子（KADOKAWA）

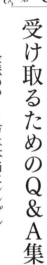

第1章

あなたも億女になれます

お金に対する意識が変わったら人生大好転

私は、「金脈の母」として、多くの方々にお金の知恵をお話しする活動の傍《かたわ》ら、複数の会社を経営し、起業コンサルタントとしてスタートアップのお手伝いや経営アドバイスをしたり、近年では大好きな宝飾品の販売事業を展開したりしています。現在は、海外で新しい事業の準備もしています。

このような話をすると、順風満帆な勝ち組人生を歩んできた人と思われるかもしれません。でもここに来るまでには、壮絶な体験がありました。

今となっては、その体験があったからこそ億女になれた、金脈の母になれたのだと理解しています。

しかし、このような豊かで幸せな未来を描けるようになるまでは、それはそれは苦しかったのです。

少しばかり、私のこれまでのことをお話しさせてください。愛媛県で生まれ育ち、短大卒業後は地元の金融機関に入行して融資部や窓口などで5年間勤めさせてもらいました。そして結婚を機に会社を辞め、専業主婦となりました。

子どもにも恵まれて平穏な生活を送っていたのですが、結婚3年目の年に義父が他界してから状況が一変しました。そのときはじめて知ったのですが、義父が経営する建設業の会社に1億円の負債があり、息子である夫と私がその1億円を背負うことになったのです。

突然、降って湧いた1億円の借金。この事実に私たちは、茫然自失《ぼうぜんじ》《しっ》しました。「宝くじで1億円当たった！」とか「義父が遺した1億円を相続した！」ということなら、どんなによかったかと思います。

しかし、それとはまったく逆のことが起こったのです。

その後は、毎日が借金返済の苦しい日々です。義父の会社を夫が継ぎ、私も会社の仕事を手伝って、毎月少しずつ、返せる範囲で返していきました。

寸暇《すんか》を惜しんで主人とともに働きましたが、完済までの道のりは遠く、ゴールはまったく見えません。気づけば10年の歳月が経っていました。10年間、いつも借金のことで頭がいっぱいでした。

寝ても覚めても「どうしたらお金が入るのか」「どうしたら借金が返せるのか」と、お金がない状況を嘆いていました。

トイレ掃除で得た大きな気づき

そんなとき「素手でトイレを掃除すると金運に恵まれる」という話を人伝《ひとづ》てに聞きました。眉唾《まゆつば》と思いつつも、藁《わら》にもすがる思いで試しました。実際に試すまでに少し時間がかかりました。というのは「素手でトイレを掃除した手で料理をして、家族が食中毒になったらどうしよう」と本気で心配だったからです。我ながら、当時は思い込みが激しかったなと思います。

じゅうぶんに気をつけていれば、実際には食中毒など起きませんでした。それどころか「すべての不安は、自分がつくりだした思い込み」と気づき、そこからいろんな思い込みが次々と外れていきました。

私がそれまで抱いていた「お金がない」という思い込みも外れました。「支払いは値切るが勝ち。少しでも遅らせるが勝ち」という思い込みも外れ、値切りも支払い遅延もやめました。すると、取引先さんたちとの関係性が劇的に向上。仲よくなった取引先さんから超重要な情報をいただき、自分の会社の倒産を回避したということもありました。

さらには便器の冷たい水に手をつけると脳が活性化するようで、トイレを素手で掃除すると、怒りや後悔などネガティブな感情が落ち着いたり、すごいアイディアが浮かんだりするのです。トイレ掃除のおかげか、10年経ってもほとんど減らなかった借金はわずか5年で完済でき、しかも自分の「金脈」を開花することもできました。

欲望がたくさんあるのはすばらしいこと

2013年、それまでの経験と気づきを基《もと》にして「お金の取り扱いの7つの法則」をまとめ、多くの方々にその法則を伝えるために私は起業しました。

おかげさまで、2024年で11年目になりますが、これまでに数え切れないほどのセミナーや講演会、セッションなどを国内外で開催してきました。お金に不安や疑問のあるたくさんの方々にお会いすることができました。

また「金脈鑑定」といって、クライアントのみなさんの金脈を一緒に探すサービスもご好評をいただいています(現在は不定期開催)。

誰しも、欲しいと思っているもの、やりたいと思っていることはたくさんありますよね。

欲望をあれこれ持つ、欲深い生き方はよくないことだと思う人もいるかもしれません。でもまったく真逆で、欲望に満ちあふれた状態はとてもすばらしいと私は考えています。

欲望を叶えていく過程では、いろんなことを思い、考え、人とつながり、その欲望がなければ体験しなかったであろうこと、気づけなかったであろうこととたくさん出合います。

1人ひとりが自分の欲望に気づき、叶えていくサイクルを繰り返

せば繰り返すほど、よりよい世界が叶うと信じています。

自分の金脈を開花すると、心から欲しいものを手に入れたり、やりたいことを実現したりするために必要なお金がスムーズに入ってきます。自分の望みが次々と現実になります。

望みが叶うだけではありません。お金は人が運んでくるものですから、お金の流れが適切になれば、周りの人たちとの関わり方も喜ばしい方向へと変わっていきます。

たくさんの欲望を思い浮かべ、それらの望みを実現するのに必要な金額を、自らの金脈を使ってスムーズに手に入れる人。豊かで幸せで充実した人生を送っていくことができる人。そんな人のことを私は「億女」と呼んでいます。

心の準備はよいですか？　億女への扉を開いていきましょう！

自分の意志と想像力を使って豊かさを実現する

お金の取り扱い方を知ると、願いを叶えるためのお金がどんどん入ってきます。

この本を読むみなさんが目指すゴールの1つ目は「億女」になること。億女になって望む金額のお金を自在に手にすることですよね。**億女になるとは、単純に1億円を稼げる自分になることではありません。なぜなら1億円の価値は人それぞれだからです。**

人によって、「1億円あっても、まだ願望を叶えるには足りません」ということも、「私の願望を叶えるには1億円もいらないな」ということもありますよね。

自分にとって必要なのか否かを考えないで、やみくもに億を稼ごうとするのは、あまり賢明ではありません。

大事なことなので何度でも言いますが、自分の願いを叶えるに足るお金を、自分らしいやり方でスムーズに手に入れ、豊かさ、幸せ、人生の充実を実感できる人こそが、私が定義する真の億女です。

億女の「億」への思い

ここで、億女の「億」という漢字をよく見てみてください。左側に「人」、右側に意志の「意」が組み合わさっています。

この漢字は単純に1億という具体的な数量を表したり、数や量の多さを表すだけの字ではない気がしています。それよりも「人がなにかを思っている様子」を意味しているように、私には見えるのです。実際この字は、訓読みでは「おしはかる」と読みます。

私の講座やセッションではよく、**億女とは「思う」「考える」ことのできる人、思う力によって豊かさを実現し、願望を叶える人というふうにお伝えしています。実は意志や想像力は、お金を手にし、願望を叶えるための最善のツールです。**

なお億女は女性だけではありません。性別は関係なく、思う力で願望を叶える人はすべて億女です。

誰でも億女になれます。「お金が足りないんです」「お金のことを考えると不安で不安でたまらないんです」と言って私のところにやってきたクライアントさんが、億女になって「お金の『ある』を実感できるようになりました」「私は豊かで、夢を次々叶えられます」と確信できるようになった例を、私はたくさん見ています。

億女になるための3原則は、許可する・あきらめない・信じる

億女になろうとされているみなさんに、守っていただきたい重要な原則が3つあります。

まず1つ目は「私は億女になっていい」と自分に許可を出すことです。

「億女になります!」と口先だけで宣言しても、言葉がうわすべりしているとか、どこか他人事のように感じるとか、なんとなく違和感がありませんか? そうした場合は自分の中に許可が出ていない証拠です。

理想の自分になることにブロックがある人は少なくありませんが、

ブロックを見つけ、解除する方法を第2章で紹介しています。許可を出せない方はそちらを実践していただきたいです。

2つ目は、億女になるまで絶対にあきらめないことです。

といっても、億女までの道のりはそう遠くはありません。そこまでの忍耐強さはいらないのではと考えます。

最後の**3つ目は、必ず億女になれると信じることです。**

億女は「思う力」に優れているのだと、先ほどお伝えしましたよね。思う力のトレーニングだと捉え、「自分には億女になる資質がある」と確信してください。

そもそも資質がなければ、はじめから「億女になりたい」などという発想さえ起きなかったはずです。

後ろ向きになるたび3原則に立ち返る

豊かになりたいと強く思っているにもかかわらず、「もともとお金には縁がないし……」「やっぱり私には無理なのではないか……」と後ろ向きな気持ちになったりすることもあるかもしれません。**後ろ向きになるのは、個人に備わっている性格や考え方が問題なのではありません。思う力が発展途上なのです。**そうしたときは「許可する」「あきらめない」「なれると信じる」の3原則に立ち返りましょう。

ここで大事になるのが、脳の使い方です。次の項目からは「億女脳」の使い方をお話しします。

億女脳を使って未来の自分を見るくせをつける

億女になる未来に許可を出し、けっしてあきらめることなく、自分は億女になれると確信する億女脳。どんな願望も実現できる億女脳。そんな億女脳の使い方には、ちょっとしたコツがあります。

多くのクライアントさんを見ていて気づいたのですが、「私は億女になる」と一度決意しても、ふと大小の不安がよぎることがあるようです。

「私には億女なんて無理なんじゃないか?」とひとたび不安が起きると、脳はその不安な思いを裏づけるように、「億女なんて無理」という現象を現実世界の中にどんどん探すようになります。

「口座の残金が足りなくて、またなにかの支払いの督促状が届いてしまった」「ランチは外食したいけれど節約でお弁当をつくっている」「コンサートに行きたいけれどチケット代が高くてあきらめた」「最近、安い服ばかり着ているなぁ」……。

この状況を放っていると、次第にほんとうに「億女＝無理」としか思えない状態に追い込まれていきます。

そうなる前に「無理かも」を「できる！」に変換しなければなりません。こうしたときは「億女になる許可を出す」「あきらめない」「なれると信じる」の3原則に立ち返るのでしたよね。ここで、**「自分はこうなりたい」という未来をイメージすると、「できる！」という気持ちが強くなります。**

私も借金返済中にやっていましたし、今もやっています。

億女になりたい人ならどんな人でも必ず、なりたい自分、叶えたい現実世界があるでしょう。不安になったらそれを思い出して、未来の自分を見るくせをつけてください。

願望が叶った未来の自分を想像して、ワクワク楽しい気分になってから、「私は億女になる」を許可し、あきらめないと決め、億女になった自分を確信するのです。

脳は優秀です。「私には無理」と思えば、無理だと信じたくなる状態を探します。逆に「億女になる」と思えば、億女になれると信じたくなる状態を集め出します。

成功シーンをイメージするだけ

億女になることをあきらめがちな人、億女になった未来を信じられない人は、過去のダメな自分ばかりを見て、その思いを裏づけるような状態ばかりを無意識のうちに探します。

過去のダメな自分か、未来の願望が叶った自分か、どちらを脳に認識させるかで、未来はまるで変わります。

思う力は、未来を創造します。このことを実証する実験を、オーストラリアのアラン・リチャードソンという心理学者が、バスケットボールのフリースロー練習で行いました。

彼はバスケットチームを3つのグループに分けました。そして第1グループには20日間、実際のバスケットボールを使って毎日20分間のフリースローの練習をさせました。

第2グループは1日目と20日目の計2日だけ、実際のバスケットボールを使って20分間のフリースローの練習をさせました。

第3グループも1日目と20日目の計2日だけ、実際のバスケットボールを使って20分間のフリースローの練習をさせました。それに加えて、2日目から19日目までの間であることをさせました。毎日20分間、自分がフリースローで成功している場面を頭の中でイメージさせたのです。もしイメージの中でフリースローを失敗したら、次は成功するイメージをさせました。

するとその結果、第1グループはフリースローの成功率が24%上昇しました。第2グループはまったく上達していませんでした。第3グループは成功率が23%上がりました。

第3グループは最初の日と最終日以外、フリースローが成功するのをイメージしただけでした。にもかかわらず、毎日実際に練習していた第1グループとほとんど変わらない好成績を残せたのです。

RAS機能を有効活用せよ

私たち人間の脳機能の1つに、「RAS（ラス）機能」（脳幹網様体賦活系　Reticular Activating System）というものがあります。

RAS機能とは、脳の高性能フィルターのようなものです。**RAS機能は私たちの身の回りにある無数の情報の中から、自分の興味や関心のある情報だけを自動的に選別し、認識させてくれます。**

億女になれると強くイメージすれば、RAS機能は「億女になれる」を確信するための情報や、億女になるために有益な情報を自動的に集め出します。

このRAS機能こそが億女になるため、金脈開花するための重要なポイントとなります。

欲望を全開にして願望実現力を開花する

みなさんは「引き寄せの法則」という言葉を聞いたことがあるでしょうか。多くの人は「こうなりたい、こうしたいとイメージすれば、そのとおりの現実が引き寄せられてくる」という願望実現の法則だと思っています。

しかし私が思う引き寄せの法則は、これとは少し異なります。

たとえば、Aさんが鰻が食べたいと思ったとします。すると隣に住んでいる人がやってきて、「鰻の蒲焼をたくさん買ったので、お1つどうぞ」と分けてくれて、おいしくいただきました。

一方、Bさんも鰻が食べたいと思ったとします。それで、近所に鰻屋さんがオープンしていたのを思い出して、お店に出かけました。Bさんもおいしい鰻の蒲焼をいただきました。

このとき、鰻を引き寄せたのはAさんでしょうか。Bさんでしょうか。Aさんだと思いませんでしたか？

自分がなにかを食べたいと思ったとき、自分で出かけて、自分で食べて、自分でお金を払ったものは引き寄せではないと思っている人が、けっこういらっしゃるようです。

しかしBさんも鰻を引き寄せています。しかも棚ぼた式に鰻を引き寄せたAさんと違って、Bさんは自分で行動して引き寄せているわけですから、Bさんの引き寄せ力、願望実現力のほうが再現性の高さの点で優れているといえます。

この2つの事象を、もう一度見比べてみてください。

Aさんも Bさんも鰻の蒲焼が食べたいと思いました。脳、すなわち情報空間でイメージしていた点は、どちらも同じです。

その後、Aさんは隣人が分けてくれた鰻の蒲焼を食べ、Bさんは自分で出かけて、鰻の蒲焼を食べ、代金を支払っています。起きた出来事は異なれど、情報空間にあったイメージを現実空間で実現したという点は同じです。

AさんもBさんも、情報空間でのイメージを現実空間で引き寄せています。ふたりとも欲望の現実化に成功しているのです。

あなたも 欲望を現実化する達人です

なにをお伝えしたいかというと、1つ目には、欲望の具体的なイメージを脳内の情報空間でデータとして保存しておくと、多少の時差はありつつも、行動のきっかけが起こり、現実空間で叶っていくということ。

2つ目には、脳の情報空間でイメージしたことが現実で叶ったなら、どんなプロセスで叶ったのであれ「叶った！ うれしい！」と認識するようにしていただきたいということです。


そのように考えてみると、あなたのこれまでの人生ではたくさんの引き寄せが起きていたと思えませんか？ **「自分は引き寄せの達人だ！ 欲望を現実化する達人だ！」と思えてきませんか？**

「鰻が食べたいな」でも「新しいバッグが欲しいな」でも「今話題の映画が見たいな」でも、そうした欲望を思い描けて、欲望を叶えるために実際に行動を起こせる人なら、誰でも引き寄せはできます。

欲望は、意外と簡単に叶えられるのです。

欲望は自分の中からしか生じない

ただし、この引き寄せにはちょっとした注意事項があります。**欲望を具体的にイメージしなければ、思ったとおりの現実は叶えられないのです。**

Bさんが鰻を引き寄せたのは、「鰻が食べたい」と欲望を具体的にイメージしたからです。「なにかおいしいものが食べたい」とぼんやりとしかイメージしていなかったとしたら、おいしい鰻を食べても、おいしいお寿司を食べても、さほど願望が叶ったとの満足感、達成感は得られないのではないでしょうか。

欲望は自分の中からしか湧きません。他人の真似をしようとしたり、SNSや流行《はや》りに踊らされたり、そうして出てきた欲望は偽の欲望です。叶ったところで、けっきょくはそこまでうれしくありません。

自分が食べたいもの、身に着けたいもの、行きたいところ、過ごしたい環境、理想の世界……。**丁寧に自分と向き合って具体的な欲望が明らかになったら、その欲望を脳に「ピン留め」します。**

ピン留めしたら、ＲＡＳ機能の出番です。強い思い、本当の思いがしっかりピン留めされていれば、欲望を引き寄せるために必要な情報がたくさん見つかってくるはずです。それらの情報を活かして、行動を起こしましょう。

あなたの欲望が現実世界で実現するのは、もう時間の問題です。

欲望こそが人を成長させる

みなさんの中には欲望をたくさん持つのはよくないと感じられる

方がいるかもしれません。

しかし人は、欲望があるからこそ探究心や好奇心を育み、行動力や成長意欲を発揮できるものです。

欲望を叶えて新しい世界をリアルに体験すれば、もう少し大きな新たな欲望が生じます。行動して、成長して、その欲望が叶ったら、また別のさらに大きな欲望が生まれます。あなたはまた行動して、成長して、欲望が叶って、いっそう大きな欲望が湧き上がって……。欲望の現実化は加速し、自分自身の成長、進化もまた加速していきます。

真の欲望は、自分の中からしか出てこないのでしたよね。ということは、**欲望を見つけ、叶えていくサイクルを繰り返せば繰り返すほど、あなたは自分らしく、よりよく生きていくことになります。**

そんなふうに考えると、自分の人生を生きていくうえで欲望ってものすごく大事ですし、なくてはならないものです。

欲望があればあるほど人生は豊かで幸せで充実する、と私は確信しています。

「借金を返せますように」という落とし穴

ところで、欲望を見つけるときに注意していただきたい落とし穴があります。

「こんなふうになるといいな」と願う欲望はＯＫなのですが、「こんなふうになるのは嫌だな」という欲望はやめてください。というのは、遠ざけたいと思ったことも、遠ざかるどころか逆に現実化してしまうからです。

私が借金を返済できなかった頃の実体験です。

当時の私にとっては借金を返済することが自分のなによりの欲望で、「借金はもう嫌。早く借金を返せますように」といつも思っていました。

だから、返し終わらなかったのです。

汗水を垂らしながら一生懸命借金を返している状態を、10年も引き寄せ続けることになってしまったのです。

そのしくみに気づいてからは、返済し切った未来の自分はどうなっているかを思い描くようにしました。

「イメージの中の未来の自分こそが、私にとって本当の欲望だ」と気づいてからは、あっというまに状況が好転していきました。結果、10年かかってもほとんど減らなかった借金を、わずか5年で完済できました。

自分の中にある欲望を、正しく捉える必要があるのです。

なりたい未来の自分、叶えたい未来の自分を明確に意識することが大切なのです。

欲しい金額を脳にピン留め！

お金に対する欲望も同様です。

食べたいものや行きたいところならすぐにイメージできるのに、お金の欲望を思い描くとなると途端に「できない」「難しい」とおっしゃるクライアントさんはかなり多いのですが、お金の欲望だって、食べたいものの欲望と同じです。

欲しい金額、その金額を手にした自分を思い描き、脳にピン留めしましょう。

自分がなりたいと思う億女像を自由に定義してみる

億女の基本的な定義として、「億女は自分の意志と想像力を使って、豊かさを実現する人」とお話ししました。
ここでは、みなさんが思う億女とはどんな人なのか、もう少し具体的に思い描いてみましょう。

私の欲望とみなさんの欲望は、きっとまったく違います。私がなりたいと思う未来と、みなさんがなりたいと思う未来も異なりますよね。億女像も、人それぞれで違います。

人の真似をしていては、いつまでたっても真の億女にはなれません。意志と想像力が億女の要《かなめ》なのですから、「思う」「考える」という作業をめんどうだと思わないでください。手を抜かないでください。でも「大変だ」「がんばらなければ」とは思わないで、どうぞ楽しく行ってください。

自分だけのイメージを明確に描くのは、億女になるための最善最短の道です。

ではここで、億女の定義を明確にするワークをやってみます。「○○な人」という形で、まずは自由に自分なりに億女像を挙げてみましょう。

ご自分で使い慣れたノートや手帳があるならそちらを使ってもいいですし、左ページのワークシートに直接書き込んでもかまいません（安心して書き込んでいただけるように、巻末に別途、コピーして何度も使えるワークシートを載せています）。

WORKSHEET

億女の定義

年　　月　　日

私にとっての億女を定義する

◆億女とは

◆億女とは

◆億女とは

◆億女とは

◆億女とは

◆億女とは

◆億女とは

心の底から湧き出るイメージ、「こうなりたい」と心から思えることがなにより重要です。正解はありませんので、自分らしい言葉で表現してみましょう。

左の事例は、以前に私の講座に参加された方々が書いてくださった億女の定義です。

なにも出てこなくなったらこちらも参考にして、さらに書き出してみましょう。

例 億女の定義

◆じゅうぶんなお金を持っている人
◆欲しいものはすべて手に入れる人
◆人生を思いきり楽しんでいる人

◆お金の入り口をたくさん見つけられる人
◆自分のペースで時間を使える人
◆たくさんのことに興味を持っている人
◆さまざまな人とつながりを持っている人
◆自分と周囲の人の幸せを願い、そのための行動ができる人
◆自分を満たすのを厭わない人
◆愛と豊かさを周りの人に還元できる人
◆自分の中から湧いてくる欲望を1つずつ着実に叶えていく人
◆お金の先に見える無限の世界を自由に選択できる人
◆自分の大切な人の願いを叶えて、選択肢を広げてあげられる人

億女の定義をじゅうぶんに書き出したら、「絶対に億女になる!」「理想の億女になる!」との決意をあらためて脳にピン留めしておきましょう。

書いた言葉をときどき見返したり、声に出して読んでみたりすると、決意のエネルギーを保ち続ける助けになります。

億女は進化し続ける

億女の定義は一度書いたら終わりではありません。

自分が変わっていくにつれ、億女像は変わります。億女になってからも、億女の理想形はまだまだ変わり続けます。私の中の理想の億女像も、もちろん日々変化し続けています。

何度もワークを繰り返し、億女像をブラッシュアップしましょう。理想の自分に進化していくプロセスに終わりはありません。誰にも無限の可能性があるのです。

第2章

欲しい金額を明確にします

自由に、思いつくままに欲望を書き出す

いよいよここから、お金を招く力を磨く実践編がはじまります。真の億女になるためのステップアップとして、また金脈をつくる準備として読み進めていただきたいです。

復習ですが、億女の「億」は「思う」「考える」という字であり、意志と想像力によって豊かさを叶えていくのが億女なのだと、前章でお伝えしました。1億円を稼ぐ人ではありません。

億女は、自分の欲望をいつも明確に思い描き、脳にピン留めしています。そして欲望を叶えるための金額を知っていて、そのお金をリアルに導きます。額が1億円よりも少なくても多くても、いずれの場合もありえます。

読みながら、億という字のとおり「思う」作業をたくさんやって、お手元にペンと紙があれば思ったことを書き留めていただきたいです。**思う作業を繰り返すのは、豊かになるためのなによりの近道だからです。**

過去と未来をはっきり区別する

まずは「欲望出し」です。あなたが億女になりたい、金脈を開花したいと思うのは、なにを叶えたいからですか？　先ほど理想の億女像を思い描いたときと同じように、ワクワク楽しい気持ちで書き出してみましょう。

「思う」作業をはじめる前に、大事なことをお伝えします。私たちの脳の残念な性質なのですが、脳は「過去の経験」に執着しがちです。過去が、未来に制限をかけてくることがよくあるのです。
よくあるというより、むしろ多くのクライアントさんと接してきた実感として、100パーセントといえるのではないかと思います。

誰の脳にも、過去から今までの経験がたっぷり蓄積されています。これらのデータベースをもとに、なりたい未来の自分やこれからやりたいことを書き出そうとしても、「それ、一度失敗しているよね」「そんなの無理だよね」といった制限が必ず出てくるのは致し方ありません。

このような制限がある状態で「思う」作業をしても、あまり楽しくありませんよね。欲望を書き出す前に、過去と未来をきちんと分離しておきましょう。

過去の延長が未来を創るわけでありません。過去の自分、今の自分がどうであっても、未来のなりたい自分には必ずなれます！

未来のイメージが今の自分を創れるからこそ、未来のなりたい自分には必ずなれるのです。

人にどう思われてもかまわない

欲望の書き出しで大事なことは、まっさらなところから書くことです。誰の足跡もない真っ白な新雪の上を歩くように、今あなたが欲しいもの、やりたいこと、行きたいところ……思いつくままに書き出してみましょう。

このワークの最重要点は、自分の想像にいっさいの制限をかけないこと。

「とはいえ親がいるから……」「主人がなんと言うか……」「子どもが小さいから……」「人にどう思われるか……」のような制限はいっさい手放しましょう。

今は「制限があるから無理」と思い込んでいることでも、リアルに実現させてこそ真の億女です！

自分はどんな人にでもなれる！

どんなこともできる！

なんでも選ぶことができる！

このように脳にしっかりと認識させること。できると信じ切ってください。未来の自分は、今想像できる自分を必ず超えてきます。左のワークシートに自分の欲望を書き尽くしたら、今度は次のページで自分以外の人の欲望についても見てみましょう。

WORKSHEET

欲望出し

年　　　月　　　日

自分の想像に制限をかけずに思うさまを書き出しましょう！

以前に私が開催した億女講座、金脈講座に参加された方々や、金脈鑑定にお申込みくださった方々の欲望の一例です。

自分以外の誰かの欲望を見ていると、こちらまで楽しくてワクワクしてくる実感があるかもしれません。ワクワクするのは、その欲望を出した人がワクワクしていたからです。そしてあなたの中にも、そのワクワクに共鳴する欲望があるからです。

お金の話、欲望の話に対してワクワクできるのはとてもよい傾向で、あなたの中にすでに億女の素質がある証しです。

例 欲望出し

◆ドバイで不動産をいっぱい買いたい

◆ファーストクラスでオランダに行きたい
◆ハウスキーパーに家をきれいにしてもらいたい
◆海外日本を問わずに、一年中、好きなところで生活をしたい
◆その日やりたいことだけをやって過ごしたい
◆投資用のマンションを買いたい
◆農薬不使用のおいしいお米を買いたい
◆ずっとやってみたかった習い事をはじめたい
◆人気の温泉宿に泊まって、ゆっくりしたい
◆ヘアカットの際にトリートメントも追加したい
◆パートナーとふたりきりで幸せな時間を過ごしたい
◆息子が欲しがっていた高性能のパソコンを買ってあげたい
◆母の誕生日を盛大に祝ってあげたい

自分の中に存在する　お金のブロックを突き止める 1

欲望を書き出すときは、自分の心に正直に。

欲望を叶えるまでの道のりが果てしなく感じられたり、「こんなことを書いたら人からなんと思われるか……」と心配になったりした人もいるかもしれません。それでも遠慮はいりません。**自分の欲望を直視することをやめないでください。**

そうして自分の欲望を書いて、書いたことを見返したり、声に出して読んだりして、ニタニタするのが正解です。

欲望を脳内の情報空間でデータ化しておけば、いずれ現実空間で叶えられるとお話ししました。情報空間にじゅうぶんにスペースがあれば、たくさんの欲望を保存できるので、現実空間で叶っていく欲望の数はきっと大きくなるはずです。

逆に情報空間に、「私はお金を持っていない」「お金がないから、私の願いは叶わない」みたいな思い込みのデータがたくさん保存されていると、欲望のイメージを豊かに蓄えることができません。

欲望のデータ化を邪魔してくるのも、お金のブロックの作用の1つです。

お金のブロックとは、お金の流れを邪魔する心理的な壁のようなもので、お金の流れを滞らせている原因の1つです。

自分が育った環境、幼少期の体験、親のネガティブな口ぐせなどによって幼いうちにインストールされていて、本人は気づいていないことが多いです。もちろん大人になってからお金に関する嫌な経験をして、それがブロックになっている場合もあります。

お金のブロックがあると、正直な欲望を持てないうえ、お金を得る、使う、貯める、増やすなどお金にまつわる行動をするときに、なんらかの抵抗感が出てきます。

自分の中にあるお金のブロックを解除できると、現実空間でのお金の流れが明らかに変わってきます。


自分の周囲に、お金に対してネガティブなことを言う人がいればいるほど、自分まで脳内にお金のネガティブイメージを入れてしまうこととなります。

周囲の人たちがお金についてどんなイメージを持っているか、お金についてどんなふうに話しているか、ちょっと観察してみてください。

「この人と付き合っていると、私の金運もどんどん下がりそう」という人、「この人と一緒にいたら、お金と私の縁ももっと強くなりそう！」と思える人、おそらくさまざまなタイプの人がいるのではないでしょうか。

お金の巡りを滞らせるブロック

ところで、お金のブロックの中でも特に根強いものになると、豊かで幸せな未来の自分の姿をイメージするだけのことでさえ邪魔をしてきます。**お金のブロックは喜ばしい未来を遠ざけようとし、自己肯定感を下げてきます。**

そう考えると、お金のブロックは、お金の流れに限らず人生のあらゆる場面に悪影響を及ぼしてきそうです。

逆にいえば、お金のブロックを解除すれば、お金の巡りがよくなるばかりか、自分の人生全体への肯定感が上がります。

自分の中にどんなお金のブロックがあるのか、自分では気づきにくいものです。

そこでやってみていただきたいワークをご紹介します。講座でも行っているのですが、お金のブロックを難しくなく、つらくなく見つけられるとご好評をいただいています。


お金のブロックを突き止めるには、お金やお金持ちについての自分の中のイメージをじっくり見つめるのが有効です。

まず、お金について自分が思っていることを正直に書いてください。いくつでもかまいません。「お金とは○○なもの」の形が書きやすいですが、その形でなくてもけっこうです。

続いて、お金持ちについて思っていることを、こちらもいくつでもいいので正直に書き出してみてください。「お金持ちとは○○な人」の形が書きやすいですが、その形でなくてもけっこうです。

WORKSHEET

私にとって
お金とは・お金持ちとは

年　　月　　日

お金とは

◆お金とは

◆お金とは

◆お金とは

◆お金とは

◆お金とは

お金持ちとは

◆お金持ちとは

◆お金持ちとは

◆お金持ちとは

◆お金持ちとは

◆お金持ちとは

書いていて楽しい気分になるような前向きな言葉も、文字にするのも嫌な後ろ向きな言葉も、いろんなものが出てくると思いますが、思いついた順に書いていきましょう。

もう出てこないというところまで書き出したら、ほかの人の事例も見てみましょう。共感できる言葉があれば、それも自分のワークシートに書き加えます。

例 自分が思うお金・お金持ちとは

[お金とは]

◆お金は、私を幸せにして、周りの人も幸せにするもの

◆お金は、汚いもの

◆お金は、生活するうえで必要なもの
◆お金は、ないと死ぬもの
◆お金は、私にはなかなか入ってこないもの
◆お金は、働いて得るもの
◆お金は、苦しいことか悪いことをしないと得られないもの
◆お金は、自由になるための道具
◆お金があればなんでも買えるしなんでも体験できる
◆お金がじゅうぶんにあれば、仕事はしたいときにして、したくないときはしなくてよくなる。時間的な自由を得られる

【お金持ちとは】
◆お金持ちは、幸運な人
◆お金持ちは、人よりも努力した人
◆お金持ちは、余裕がある人

◆お金持ちは、優しい人
◆お金持ちは、お金を持っていない人を馬鹿にしている
◆お金持ちは、お金のことばかり考えている
◆お金持ちは、ほとんどのことはお金で解決できると思っている
◆お金持ちは、ずるいことでお金を集めている
◆お金持ちは、由緒正しい家系で、長い時間をかけてお金を増やしている
◆お金持ちは、生まれながらにお金を増やすセンスがある

お金のブロックは誰の中にも存在する

自分の書いたお金のイメージ、お金持ちのイメージを見返してみて、ポジティブな言葉が多かったでしょうか。ネガティブな言葉のほうが多かったでしょうか。

ポジティブなほうは、これからも大切にしてください。

逆にネガティブなほうの感覚は、自分の中にあるお金のブロックになっています。要は、「お金は、汚いもの」との思いが、お金が受け取りづらい原因になっていたり、「お金持ちは、ずるい人」との思いが、億女になる決意を揺るがせる原因になったりしているということです。

ここで気をつけていただきたいのですが、今書き出した言葉が、すべてポジティブな内容だけだったという人がいるとします。それならその人の中にはお金のブロックがまったくないのかというと、そうではありません。

お金のブロックは多かれ少なかれ、誰にでも存在しています。私の中にもまだまだ残っています。かなり解除はしてきましたが、それでもゼロにはならないのです。

クライアントさんで「私にはお金のブロックなどありません」と言われる方がときどきいらっしゃいますが、それは自分で気づいていないだけです。

もしあなたがブロックなどないと思うのであれば、**「すでにお金が潤沢にあって、いつでも思いどおりにお金が入り、思いのままに自由に使えて、まったくお金に対して悩みのない状態ですか？」「もうこれ以上お金はいらないと確信している状態ですか？」と自分に聞いてみてください。**おそらくそうではありませんよね。もっと豊かになりたいと思っているからこの本を手に取られたのですよね。

であれば、あなたの中にもブロックはあります。ブロックを外せばお金はもっと入ってきます。

自分の中に存在する お金のブロックを突き止める 2

次に、自分では気づきにくい根深いブロックの見つけ方をお伝えします。

お金についての「こういう体験があったな……」「こういうふうに言われて、その言葉がなぜか忘れられないんだよね……」というふうに心に残り続ける出来事、違和感が消えない現象は、おそらく誰の中にもあるはずです。

そんな出来事を丁寧に分解して捉え直してみると、ブロックの原因が見つかるのです。

出来事を捉え直す際には、その出来事＝「事実」を丁寧に思い出して、そのとき感じたこと＝「感情」と、自分が思ったこと＝「想像」を併せて書いてみてください。

分解する際の大事なポイントをお伝えしますと、**「感情」と「想像」は似ている言葉ですが、全然違います。**


例として、子どもの頃に親に欲しいものをねだったら「うちはお金がないから買ってあげられない」と言われたという方の場合を挙げてみます。

この方が親御さんから「買ってあげられない」と言われたのは「事実」です。

心から欲しいと思っていたものを買ってもらえず、この方は、残念だし悲しかったそうです。これは「感情」です。

と同時に「欲しいものって、なかなか手に入らないんだな」と思ったそうです。これは感情ではなく「想像」です。そして、ここが特に大事なのですが、「想像」は「事実」ではありません。

「想像」とは、思い込みとも言い換えられます。出来事を「事実＋感情＋想像」に分解して書き出してみると、「事実」だと思い続けていたことが、単なる「想像」に過ぎないと気づける瞬間があります。この「想像」こそ、今ある根深いブロックが生まれたきっかけ、ブロックを手放すヒント、金脈に気づく手がかりとなる宝です。

事実＋感情＋想像でお金のブロックをあぶり出す

どんな出来事に着目すればいいか、3つのヒントがあります。

1つ目は「子どもの頃にあったこと」。2つ目は「周囲の人から、お金に関して言われたこと」。3つ目は「今の状況で、お金に関してモヤモヤを感じたこと」です。

Hint!
・子どもの頃にあったこと
・周囲の人から、お金に関して言われたこと
・今の状況で、お金に関してモヤモヤを感じたこと

◆お金についての忘れられない出来事、違和感のある出来事は?

[事実]

[感情]

[想像]

◆お金についての忘れられない出来事、違和感のある出来事は?

[事実]

[感情]

[想像]

WORKSHEET

根深いブロックの外し方

年　　月　　日

◆お金についての忘れられない出来事、違和感のある出来事は?

［事実］

［感情］

［想像］

◆お金についての忘れられない出来事、違和感のある出来事は?

［事実］

［感情］

［想像］

書き終えた方は、私のクライアントさんたちが書き出した「事実＋感情＋想像」の事例もご覧ください。

例 根深いブロックのきっかけを分解して捉える

◆Aさんの例（子どもの頃の出来事）

【事実】
「あなたを育てるのには大金がかかっているのよ」と親に言われた。

【感情】
親に対して申し訳なくなった。お金の話を聞くのが怖くなった。

【想像】
すでに自分はたくさんのお金をかけてもらっているのだから、これ以上余計なお金を使ってはいけないと思った。

◆Bさんの例（子どもの頃の出来事）

【事実】
お小遣いを親からもらうたび「お父さんががんばって稼いだお金なのだから無駄使いはダメ」と言われ続けていた。

【感情】
お金を持つことが怖く感じた。

【想像】
がんばって稼がないとお金は得られないと思った。
またお金は楽しく使うよりも正しく使わなければいけないと思った。

◆Cさんの例（最近モヤモヤしたこと）

【事実】
いつも高そうな服やバッグを身に着けている友達がいる。

【感情】

むかついた。嫌な気持ちになった。
自分はそのような高級品を持っていないと思うと、不安になった。
【想像】
彼女は裕福であることを見せびらかしていると思った。
自分が高級品を身に着けていないのは、
お金がないからだと思った。

Aさん、Bさんはいずれも、子どもの頃に親から言われた言葉がブロックになっています。同じように、過去の親の言葉について書いたという人がきっと多いのではないでしょうか。

このワークの重要なポイントが2つあります。**まず「感情」について、自分次第で別の感情を持つこともできたと気づいていただきたいです。**

たとえば、今パートナーから「君にはお金がかかっている」と言われたとして、昔の自分のように相手に対して申し訳なく思ったり、お金の話題を怖がったりしなくてもいいですよね。「お金をかけてくれてありがとう」と感謝と喜びの感情を持ち、相手にそのように伝えることもできます。

もう1つのポイントは「想像」についてです。先ほども申しましたが、想像とは単なる思い込み。けっして事実ではありません。「ただでさえお金のかかる私は、これ以上お金を使ってはいけない」も「がんばらないとお金は稼げない」も、「裕福な彼女は、裕福さを見せびらかしている」も、すべて事実ではありません。

想像を事実だと誤認しているから、想像していたことがブロックになり、お金の流れが妨げられるのです。

事実は思い出せるけれど、そこに乗っていた感情や想像までは巧《うま》く書き出せないという場合もあります。そのときはとりあえず事実だけ書いて、書いた言葉を眺めながら、自分に以下の3つの質問をしてみてください。

なにに気づかないといけないのだろう?

本当はどうしたいのだろう?

なにを見せられているのだろう?

その事実が自分にとってどんなふうにブロックになっているのか、見えてくるはずです。

お金のブロックさえも自分の「思う力」が生み出している

ここで1つ、例を挙げて説明したいと思います。私のところにお金の悩みで相談にこられた50代女性の方のお話です。彼女は実家のお母さんとの関係で悩まれていました。

彼女が実家に帰ると、いつもお母さんは「お金を貸して」と言ってきたのだそうです。彼女はその都度お母さんにお金を貸すのですが、お金を返してくれたことは一度もありません。

一度として返してくれないのに実家に帰るたびに「お金を貸して」と言ってくる。このやりとりがすでに何十年も続いていて、「先生、私のお金のブロックは、『お金は取られるもの』ということですね」

とおっしゃっていました。

では、この出来事から見えてくるお金のブロックはなんなのでしょう。ブロックを解除するためには、どうすればいいでしょうか。

私は彼女に、これまで起きたことを細かく時系列で書き出して、事実・感情・想像に分けてもらいました。

お母さんがお金を貸してと言うのは事実、それに対して彼女が貸してしまうのも事実です。お母さんがお金を返してくれないのも事実です。

一方、「私のお金のブロックは、『お金は取られるもの』ですよね」とEさんがおっしゃるのは、事実ではなく想像です。

お金を貸しているのは彼女ですが、返してほしいにもかかわらず、「返して」とお母さんに伝えてはいません。返してほしいと伝えていないのに、自分の中で「お金は取られるもの」と想像を膨らませていたわけです。

1つの事実に大量の想像が紐づいていることも

この出来事からなにに気づかないといけないのか、自問してみてもらいました。すると彼女の中に「自分はなぜ返してもらっていないのに貸しているのか」と疑問が湧いてきたそうです。

その疑問に対する答えも書き出してもらうと、「お金を貸さないとお母さんは生きていけない」「お金を貸さないとわめき散らして近所に迷惑をかけるかもしれない」「お金を貸さないとお母さんに嫌われる」と、いくつも思いつくことが出てきました。

もうお気づきですよね。ここでできた言葉も、すべて彼女の想像です。

お金を貸しているという事実は、自分の意志によるものです。でも「お金を貸さずにいてなにか起きたら困る」という不安は、事実ではありません。彼女の想像でした。実際に言葉で書いてみて、彼女はそのことに気づきました。要するに、お金は取られていたわけではない。単純に、自分からあげていたのです。

こうして掘り下げていった結果として、彼女には、お母さんに「返して」「返してくれなければ、もう貸さない」と言っている未来の自分が見えたに違いありません。

思う力は億女の要、豊かさの要だとお伝えしてきましたが、こうして考えると、**お金の流れを妨げているのも、思う力にほかならないといえそうです。思う力がお金の流れに活かされるかは、使い方次第というわけです。**

「臨時収入とは無縁」は想像だと気づいたら……

そういえば最近、あるクライアントさんから、うれしいご報告をいただきました。その方は、「事実＋感情＋想像」に分解するワークをやった結果、「宝くじに当たったことがない」という事実から「私は臨時収入には縁がない」と想像し、それがブロックになっていたと気づいたそうです。

「臨時収入には縁がない」は思い込みに過ぎないと気づいた直後、親からの突然のお小遣いなど複数の臨時収入が入り、あっという間に10万円近くになったそうです。

驚くような本当の話です。ブロックを解除することの重要さがみなさんにも伝わりましたでしょうか。

お金のブロック解除に紐づいた言霊は効果大

みなさんはいつもどんな言葉を使っていますか。どんな言葉にもエネルギーが乗っていて、その言葉を発する人にも聞く人にも影響を与えます。その中でも特にいい力、強い力を持っている言葉のことを「言霊《ことだま》」といいます。

私自身も言霊の効果を信じ、最大限に活かそうとしています。

ただし私がみなさんにお伝えする言霊は、「この言霊を唱えさえすれば、誰でも金運が上がりますよ」といったものではありません。誰に対しても効く言霊、一生涯有効な言霊など存在しないと、私は考えています。

人それぞれ生まれも育ちも違います。考え方も、生き方も、経験してきたことも、なにもかもが異なります。であれば「誰にでも効く」とされるフォーマットどおりの言霊を唱えるよりも、1人ひとりに固有の言霊を見つけ、唱えるほうが効果があると思いませんか。

言霊は1人ひとりが自分用につくってこそ、その人の生き方をいい方向に変えていく言霊になるのではないでしょうか。

自分だけに効く オーダーメイドの言霊

これからみなさんには、自分だけのとっておきの言霊をつくっていただきます。

そこでは、先ほど書いた欲望リスト、億女像のイメージが役に立つこともありますし、お金のブロックを生み出す原因となった過去の出来事を逆から見て、言霊に転換することもできます。ここまでのワークをぜひ活かしていただきたいです。

たとえば私の場合、借金地獄で毎日が苦しかった時代が10年もありました。

借金が苦しかった当時、私は「借金は悪」だと思い込んでいました。おそらく小さいときに両親が「近所の○○さんは借金が返せなくて土地を取られてしまったらしい」と話しているのを盗み聞きしたのがきっかけです。それ以来、借金は怖いもの、借金は悪いことだと固く信じていたのです。

でもあるとき、言霊について勉強して、「借金は悪」ではなく別の言葉を使おうと思ったのです。

そのとき見つけた言霊が、以下の言葉でした。

私の返済したお金は、銀行の人たちのお給料になっている

私は借金を毎月着実に返済している。私にはお金を稼ぐ力がある

これらの言霊以外にも、借金を返している状況を活かして、思いつく限りの言霊をつくって口に出していたのを今も覚えています。「借金は悪」と思っていたときとは比べものにならないくらい、とても楽しい気持ちになりました。

言葉のエネルギーは、借金があることへの苦しさを軽くしてくれましたし、現状を「豊かだ」と捉え直すこともできました。

豊かな気持ちになると、未来の豊かさのイメージもそれまでよりリアルに思い浮かべやすくなりました。

今の自分にしっくりくる言霊をつくる

ではノートや手帳を用意するか、本書のワークシートを使って、言霊をつくりましょう。

言霊づくりにはいくつかの方法がありますが、まずわかりやすいのは、今ある欲望をベースとしてつくる方法です。たとえばドバイに不動産が欲しいなら、「ドバイは私の庭。場所も人もエネルギッシュなドバイで、私も自由に力強く生きています。私はドバイを愛しています」のような感じでしょうか。

億女像を書き出したワークを活かすこともできます。億女を「じゅうぶんなお金を持っている人」と定義したなら、そのまま「私はじゅうぶんなお金を持っている」みたいな感じです。

ただし、この2つのアプローチには注意が必要です。**欲望が大きかったり、理想が高かったりすると、つくった言霊を言ったり書いたりしてもピンとこなくて、言葉がうわすべりしてしまうことがあるのです。**言霊が今の自分の感覚とかけ離れていると、言霊のエネルギーがうまく働かず、現実が変わるまでに時間がかかります。もししっくりこない感覚があったら、別の言葉を探してみましょう。

私が最もおすすめしたいのは、67ページや76〜77ページのワークで、お金のブロックにまつわる出来事を思い出したときに出てきたネガティブな想像を活かす方法です。

たとえば以前、「お金を使うのはいけないことだ」というブロックがあるクライアントさんがいました。この言葉を反転させると「お金を使うのはいいことだ」になりますが、これではさすがに自分の想像と世界観が違いすぎて、簡単にはしっくりこないでしょう。

そこで彼女はこの言葉を、自分なりにアレンジしたのです。「お金を使うのはとても楽しい」「私がお金を使うと、たくさんの人が幸せになる」……こうして彼女にピッタリの言霊ができあがりました。

ほかにもこのような例もあります。別のクライアントさんなのですが、「がんばらないとお金は手に入らない」というブロックを反転させて「がんばらなくてもお金は手に入る」となった言葉を、自分のしっくりくる表現にアレンジしたら「私にはお金を無限に生み出す力がある」という言霊が見つかりました。

この方法なら、自分にとって必要な言霊と出合えるうえ、ブロック解除にも役立つので一石二鳥です。

WORKSHEET

私だけの言霊づくり

年　　月　　日

◆私の欲望

Change!

私の言霊

私の言霊

◆私にとっての億女像

Change!

私の言霊

私の言霊

◆私のブロック

Change!

私の言霊

私の言霊

第3章

数字マジック脳を使います

欲望を数字化してお金を引き寄せる「数字マジック脳」

この章でお伝えする「数字マジック脳」も、必要なお金を受け取るために有用な手法です。

実践すれば、億女になるために必要な「思う」「考える」の力も身につきます。

この数字マジック脳の真髄は、欲望を金額の状態として脳に覚えさせること。そうして、その額のお金を引き寄せるのです。

金額、つまり数字は、具体的な表現です。1万円と聞いたら、誰もが同じ1万円を想像します。その1万円に感じる価値は人によって違いますが、数量としては同じです。

1万円と聞いて、1000円札1枚とか、100万円の札束とかをイメージする人はいないでしょう。

欲望の叶いやすさを3段階に分類する

まずは欲望をレベル分けしましょう。前章で欲望をたくさん書き出しましたが、それらを以下の3つの条件で仕分けてみてください。

❶必要な金額が明確な欲望
❷必要な金額がやや明確な欲望
❸必要な金額の想定が大変な欲望

書き出した欲望ごとに、この数字を書き添えるといいでしょう。

たとえば「ネットショップで見たあの服が着たい」「前から気にな

っているレストランで、パートナーとコース料理が食べたい。ワインも2杯ずつ飲みたい」のようなものは、必要な値段がわかりやすいので［1］に分類できます。

「来月、熱海のリゾートホテルでのんびりしたい」は、どこのホテルか決めているなら❶かもしれませんし、そこまで明確なプランではないなら❷に分類されそうです。

「オンライン英会話が習いたい」も、どのサイトのどのコースを受けるか目星がついていて、自分がどこまで英語を上達させたいか決まっているなら❶ですが、そこまで明確でないなら❷でしょう。

「自宅で料理教室を開きたい」なら、具体的な規模や教える内容が決まっているなら❷です。でも、まだどんな教室を開きたいか漠然としているなら、必要な金額が明確に設定しにくいので❸です。

「子どもに、興味のあることをしっかり勉強させてあげたい」なども、子どもの進路が定まっているなら❷、そうでないなら必要な金額を正確に見積もるのは難しいので❸です。

「リゾートホテルを手に入れて、経営したい」「誰もが安心して暮らせる世界を実現したい」のようなレベルになってくると、色々と見積もったり、専門的な研究をしたりしないと金額が判明しません。これらは❸になります。

数字が決まると叶いやすくなる

数字マジック脳を使えるようになると、1の欲望は意外と簡単に実現するようになります。私のクライアントさんでも「あまりにもすぐに叶うのですね。驚くしかありません」と報告をくださる方が大勢いらっしゃいます。

❷もきちんと金額を調べられれば、けっこう叶います。金額によ

っては、叶うまでの時間が多少かかるかもしれません。しかし少なくとも「願望実現に着実に近づいている」という実感は得られるはずで、コツコツ行動を続けていけば、欲望はちゃんと叶えられます。

最も重要なコツは、「ザックリ〇〇万円くらい」ではなく、「〇〇万円あれば実現する」と自分なりに確信することです。数字マジック脳は「数字」がカッチリ決まっているほど活かされ、欲望の実現が早まるのです。

欲望も❸のレベルになると、途端に叶いにくくなります。しかし**叶わないのは、金額が大きいからではありません。金額を正確に把握するのが難しいから、実現の難度が上がるのです。**

忍耐強く、そして丁寧に、欲望を叶えるために必要な金額を算出しましょう。

講座受講者さんから聞いた話です。彼女は40歳という節目の年齢を迎え、贅沢な一人旅をしたくなりました。でも「贅沢旅なんていくらかかることか。今年はボーナスも少なそうだし余計な出費は控えないと」と半分あきらめていました。

でも数字マジック脳について学び、「大阪の○○ホテルに泊まり、ホテルで○○を食べたい。新幹線代、ホテル代、現地でカフェや神社に行って遊ぶお金、それに着ていく服を買ったらちょうど20万円だ」と必要な額を算出されたそうです。

すると**「数字を定めたら、私にとって欲望レベル❸だった贅沢旅は、一瞬で❶になりました。**数字マジック脳の使い方（108ページから）も実践し、そうしたら1カ月も経たないうちにピッタリの額の使えるお金を発見できました。旅に出る決心ができ、本当にありがとうございました」とのこと。とても喜ばれていました。

Step 5 左の Step 3 Step 4 の想像の中での自分の気分をイメージする

イメージしたことを思いつく限り書き出しましょう。

Step 6 欲望が叶ったとき、自分はどう変わっているかイメージする

イメージしたことを思いつく限り書き出しましょう。

Step 7 変化した自分は、周りの人とどう接しているかイメージする

イメージしたことを思いつく限り書き出しましょう。

Step8 へ

WORKSHEET

数字マジック脳の活かし方

年　　月　　日

Step 1 叶えたい欲望を1つ選択する

59ページの欲望出しのリストから1つ選んで書きます。はじめてワークを行う際は金額が明確な欲望がおすすめです。

Step 2 欲望を叶えるために必要な金額を記憶する

円

Step 3 欲望が叶ったときの自分の様子を脳にピン留めする

イメージしたことを思いつく限り書き出しましょう。

Step 4 未来の自分の周りの人たちの様子をイメージする

イメージしたことを思いつく限り書き出しましょう。

Step 11 「欲望が今にも叶いそう！」と現実空間で多くの人に伝える

現実空間で行います

Step 12 欲しいものの情報をたくさん集める

現実空間で行います

Step 13 現実的なお金を実感する

「ある」を実感した体験を書き残しておきましょう。

↓

数字マジック脳が動かないときは、
もう一度 **Step 3** から繰り返してみる

↓

欲望を叶えるお金の引き寄せ成功！

Step 8 お金の入り口をひたすら書き出す

今あるお金の入り口を思いつく限り書き出しましょう。

Step 9 必要な金額を大きく書いて眺める

円

Step 10 前のシートの Step 3 から Step 7 をもう一度繰り返す

感じたことを書いてみましょう。

欲望を叶えた私を明確に思い描く

数字マジック脳を使って欲望を叶えるプロセスを、具体的に解説いたします。全部で13ステップです。

「そんなにあるの？」と思われたのではないでしょうか。でも、ステップのほとんどはイメージするだけ。いったんやり方を覚えてしまえば、いつでもどこでも何度でも簡単にできます。**慣れてくればペンも紙もなし、脳だけあれば実践できます。**

ノートや手帳を用意するか、１０４〜１０７ページのワークシートを使って、数字マジック脳で欲望を叶えてみましょう。まずは前半、ステップ❶〜❼を解説します。

【ステップ❶】
叶えたい欲望を1つ選択する

叶えたい欲望を1つ書きます。数字マジック脳の使いはじめのうちは「❶必要な金額が明確な欲望」(99ページ)を選ぶのがおすすめです。

【ステップ❷】
欲望を叶えるために必要な金額を記憶する

あなたの選んだ欲望の値段を記憶します。値段がわからない場合は調べておきましょう。

【ステップ❸】
欲望が叶ったときの自分の様子を脳にピン留めする

たとえば「バッグが欲しい」という欲望を叶えようとしていると
したら、そのバッグを持って颯爽《さっそう》と街を歩いている未来の自分、バ
ッグとともにホテルに出かけてコーヒーを飲んでいる未来の自分を
イメージします。

あるいは「高級リゾートホテルに1週間宿泊」を叶えようとする
なら、ステップ❸では、ふかふかの絨毯の上を歩いている未来の自
分、ふかふかのベッドでくつろぐ未来の自分のイメージを、その宿
泊がすでに実現したかのように、思うままに膨らませます。その様
子を脳に覚えさせます。

【ステップ❹】

未来の自分の周りの人たちの様子をイメージする

たとえばあなたのバッグを友人が見て「とっても素敵ね。うらや
ましいわ」と言ってくれたところなどを想像します。

リゾートホテルに泊まっているところを思い浮かべるなら、ホテルマンたちや同じホテルに宿泊中のセレブたちと談笑しているところをイメージしてみましょう。できればどんな会話をしているかまで想像してみてください。「昨晩のディナーのロブスターはおいしかったですね」と英語で会話しているところなど、自由に妄想を広げていただきたいです。

ステップ❸とステップ❹のコツは、できるだけ具体的に妄想を膨らませることです。

なにかを買うという欲望なら、その商品を手にしたときの手触り、どんなところで使っているか、どんな気持ちでメンテナンスしているか。どこかに行くのが欲望なら、その環境の温度や湿度、どんな香りがするか、誰と一緒か、その人とはどんな会話をしているか。際限なくイメージを膨らませていってほしいのです。

【ステップ❺】

ステップ❸❹の想像の中での自分の気分をイメージする

うれしい、楽しい、ウキウキする、喜びに満たされている、のような感覚かと思います。言葉で表現すると普通のことですが、この感情をリアルに味わって脳に覚えさせるのがこのステップでやっていただきたいポイントです。

【ステップ❻】

欲望が叶ったとき、自分はどう変わっているかイメージする

自分の変化を味わいましょう。欲望が実現した未来では、きっと自分の振る舞いもそれまでとはまるで変わっているはずです。立ち居振る舞い、話す言葉、表情、考え方……。「自分はこういうふうに変われるのではないか」「今よりも、こういう部分がもっと素敵にな

っているのではないか」のように細かくイメージしてください。

私のことになりますが昨年家を新築しました。

もちろん、このときの費用も数字マジック脳を使ってお金を引き寄せたのですが、ものすごくたくさんのイメージをしました。

「自分の理想の家が建つのだから、いつものように掃除機をガッツ引っ張って、壁に当てるなど絶対にしない。丁寧に掃除機をかけているだろう」「新しいキッチンでつくったごはんは今とは違う味だろう」「夫にも子どもたちにも、今よりやさしく接しているだろう」「ゆったりと余裕のある話し方をしているだろう」……。みなさんも細かい妄想をぜひ楽しんでみていただきたいです。

【ステップ❼】変化した自分は、周りの人とどう接しているかイメージする

自分の振る舞いが変われば、周りの人たちの反応も変わります。どんなふうに接しているか、どんな会話をしているか、あれこれイメージしてみてください。

たとえばずっと欲しかったバッグを手にしたらどうでしょう。普段よりも数倍笑顔になれそうですし、きっと自分に自信がついているのではないでしょうか。またバッグに見合う美しい言葉、前向きな言葉で、明るい話をしているのではないでしょうか。いつもそんな状態で周りの人と接していたら、人間関係もいっそうすばらしいものとなりそうです。

私が新築費用を引き寄せたときも、新しい家のリビングに大好きなお客様を招いて、そこでどんな会話をするだろうかとしょっちゅう想像していました。

お客様から「モデルルームみたいですね」「シャンパンを持ってき

たのですが、みんなで飲みませんか？」「ここで出張シェフを呼んでパーティーを開けたら、どんなに楽しいでしょうね」などと言われているところを思い浮かべていたら、費用が入ってくるまでの待ち時間はとても楽しく、しかもあっという間に必要な金額を手にすることができました。

引き寄せの法則を、「願えば叶う」「イメージすれば叶う」という願望実現法として理解している人がほとんどだと思います。本や講演会、ＳＮＳなどで何度となくそのように解説を受けて、実際に試してみて、でも現実は変わらなかった……という人は少なくないでしょう。

そのような人たちのほとんどは、願望が叶った世界をぼんやりとしかイメージしていなかったのではないでしょうか。**イメージが足りないから、現実が動かなかったのです。**

欲しい金額はリアルに。欲望が叶ったイメージもリアルに。

自分と周囲の人たちの様子は、特に具体的に思い描きましょう。想像しているうち、願いが叶うのを待たずして、あなたの振る舞いが変わり、周囲の人の反応が変わります。あなたのいるステージはみるみる上がっていきます。

そうなれば、願望はもう半分は叶ったようなもの。願望実現へのスピードはみるみる加速します。

ステップ❼までを丁寧に取り組むと、これまでとは異なる視点で世界を見られるようになります。というか、**脳が違うものを見ようとしだし、欲望を叶えるために有益な情報がどんどん入ってくるようになるのです。**

金額と欲望を紐づけて、脳に刷り込む

お金を生み出す数字マジック脳の使い方、ここからが後半戦です。ここまでの前半戦では、自分がなにを叶えたいのか、欲望の本質が明らかになりました。叶えた世界をリアルに思い描けました。ここからは、お金をどうやって手にするかにアプローチします。

【ステップ❽】お金の入り口をひたすら書き出す

思いつく範囲でよいので、お金を手にする方法を思いつく限り書いてみましょう。勤め先からの月々の収入だけではないはずです。

副業はしていませんか？　保険が満期になっていませんか？　休

眠口座はありませんか？　住んでいる自治体からの補助金は入っていませんか？　塩漬けになっていた株券はどうなっているでしょうか？　ポイ活している方なら、どこにどのくらいポイントがたまっているでしょう。換金できるポイントはありませんか？
なんとなく「あるかも」でいいのです。お金の入り口に貴賤なし。ひたすら調べたり書き出したりしてください。

【ステップ❾】
必要な金額を大きく書いて眺める

ステップ❽でお金の入り口を探したら、もう一度、必要な金額を大きく書いて、明確な金額を強く脳にピン留めします。

【ステップ❿】
ステップ❸からステップ❼をもう一度繰り返す

これは、「この金額で」「これが欲しい」というのを脳に紐付けするためのものです。

一巡目で、欲しいものが手に入ったイメージがリアルに脳に入りました。さらにもう一巡させて、この金額でこれが手に入って、私はこうなるのだということを脳に認識させます。金額がより深く脳に刷り込まれて、脳はこの欲望を叶えるためのお金をつくっていこうとします。

【ステップ⓫】
「欲望が今にも叶いそう！」と現実空間で多くの人に伝える

ステップ❿までは情報空間で行うプロセスでした。しかしこのステップでは、欲しいものを手に入れるためにいよいよ現実空間で行動を起こします。

「欲しいバッグがあってね、今までなかなかゲットできなかったんだけど、もうすぐ手に入るんだ（買えるんだ）♪」と身近な人に話してみてください。あたかも今日にでも明日にでも手に入りそうなワクワク感で伝えるのがポイントです。

人と会うたびに「もうすぐ手に入るんだ」と伝えていくと、そのお相手から、お相手とつながりのある人から、さらにその人とつながりのある人から、有益な情報が入ってくることもよくあります。躊躇せずに、どんどん口に出していきましょう。

【ステップ⑫】
欲しいものの情報をたくさん集める

このステップも現実空間で行います。ネット、テレビ、ラジオ、本や雑誌などを見て、叶えたい欲望に関する情報をたくさん集めてください。なにか欲しいものがある場合は、実店舗に行って実物を見たり触れたりするのもおすすめです。

メディアを見る以外でも、街を歩いたり、人と話したりしていて、ふと情報を見つけることもあるかもしれません。

たとえばあなたがあるバッグを欲しがっているとして、そのバッグの広告が駅の掲示板に貼られているのを見つけたとします。そうしたら「脳にピン留めできている！」「ちゃんとRAS機能が働いているから、この掲示板に気づいたんだ！」「私はえらい！」と自分をほめ、「欲望の実現に着実に近づいている！」と口に出していただきたいです。

【ステップ⑬】
現実的なお金を実感する

数字マジック脳を活かす最後のステップです。

預金通帳を見たり、デジタル通帳の残高を確認したり、あるいはお財布の中を覗いて、「私にはお金がある」と実感してください。

必要な金額が入っていなくてもかまいません。1円以上入っていれば「ある」と捉えてかまいません。

ステップ⓭は、1回やったらおしまいではなく、たくさんやればやるだけ効果があります。

積立保険などに入っていれば定期的に届くお知らせを見て「なんだか残高が増えている」と実感するのもOK。株式投資をしていれば「この銘柄の評価額が上がっている」と実感するのもOKです。

また、ほんの少額であったとしても、なにか収入があれば、「欲望の実現が近づいた！」「もうすぐ欲望が叶う！」と書いたり言ったりしてください。脳に「○○円が必要」とピン留めされているからこそ入ってきたお金だと考えてください。

あるいは、なにかもらいものをしたとき、その贈り物を金額に換算して「○○円が入ってきた！」と喜ぶのも、数字マジック脳を活性化し、欲望をスムーズに実現するのに効果的です。

現実世界で「お金がある」を実感する体験を積めば積むほど、脳は「お金がある」と確信するのです。

明確な欲望、明確な金額がお金を引き寄せる

行程数は多かったですが、楽しく取り組めばさほど大変ではなかったはずです。ここまでやってなにが起きたかというと、**みなさんの脳に必要な金額がしっかり認識されました。また「お金はある」という確信も得られました。**

欲望を叶えるために必要なお金をつくっていこうという意志。自分にはお金を得る力があるという確信。この2つが脳にしっかり刻まれたため、RAS機能が効果的に働くようになり、お金を受け取るのに有益な情報が勝手に集められるようになったのです。

ここで注意していただきたいのですが、必要なお金を受け取るルートは自分で決めないでください。なぜならルートを限定し、自分で想定したルートしか見えなくなると、逆にお金が入らなくなるから。情報やお金は、思ってても見ないところからが入ってくることのほうが多いものです。

ただ漠然と欲しいなと思っている状態と、「欲望を叶えて、こういう私になりたい。そのために○○円欲しい。欲しい金額をつくる力が私にはある」と脳にピン留めした状態。両者では、RAS機能の働き方がまったく違ってきます。

数字マジック脳が動かない理由は2つだけ

もしここまで実践してもなにも変化を実感できないとしたら、どこかのステップでお金のブロックがあったのでしょう。

未来の自分のイメージを邪魔されていたり、お金の入り口を思い浮かべたりするのがうまくできていなかったのかもしれません。

1つひとつのステップで、じゅうぶんにイメージを膨らませられたか。自分にとってしっくりくるイメージだったか。もう一度丁寧に試してみていただきたいです。イメージが膨らまなかった場合は、ブロックを解除するチャンスだと捉え、どんなブロックが根づいているのか向き合ってみましょう。


何度やっても成果を出せない場合は、そもそも欲望の設定が誤っている可能性もあります。本当の欲望ではないから、未来がイメージできない、お金を手に入れる方法が見つからないということです。ブロックの邪魔がなく、欲望が正しければ、数字マジック脳はきっと大きな結果を出します。信じて、取り組んでみてください。

欲望の達成を加速させるための裏ワザ

ここまでお伝えしたことをリアルに行うだけでもじゅうぶんなのですが、数字マジック脳のさらに効果的な使い方、欲望が叶うまでのスピードを加速させる方法を2つご紹介します。

リアルな金額を設定する裏ワザ

この手法は計算が多いので、電卓があるとやりやすいです。

たとえば「半年後までに、100万円で高級リゾートホテルに1週間宿泊したい」という欲望があるとします。100万円を6カ月で割るとひと月で約17万円です。月17万円をつくることはできそうでしょうか。

できそうであれば、このまま「17万円」という数字を脳に覚えさせますが、ちょっと難しいなと感じたなら、さらに分割してみましょう。4で割ると、1週間で4万2500円。30日で割ると、1日約5700円となります。ここまで数字を小さくすると、なんだかできそうな気がしてきませんか。

なんとなく現実的だと思える額まで数字を落としてから脳に覚えさせていくのが、数字マジック脳を活かすポイントです。

ここまできたら「なんだかできそう」を現実化させるために、1日5700円くらい稼げる方法はないかネットなどで探してみましょう。

その稼ぐ方法を実際にやるかやらないかはさておき、まずは「オークションサイトで不要品を売って、1日5700円を稼ぐ人が実際にいるらしい」などと脳が認識するだけでけっこうです。

脳が「この額なら自分にもつくれそう」と認識できればOKです。

可能なこととして認識さえできれば、脳は1日5700円をなんとしてでも集めようと勝手に作動してくれるのです。

実現プロセスの進捗を知る裏ワザ

円グラフを使った手法もおすすめです。

まずノートや手帳に円を描きます。100万円を手に入れたいなら、円全体を100万円と考えます。それで「今日は3万円が手に入った」となったら、円グラフの10度分くらいを塗りつぶします。翌日1万円を受け取ったならその分も塗ります。お金ではなく、もらいもの、贈り物の形でなにかいただいた場合も、金額に換算して塗っていってけっこうです。

塗った面積が増えていくと、脳は「これだけたまっているから、あとはこれだけ」と認識し、残りの分を探そうとします。

お金が入ってくるリズムは一律ではないので、あと少しなのになかなか叶わないというときには歯がゆい思いをするかもしれません。そんなときも、**この円グラフを見返して「あとこれだけ」「できる！」と脳に再認識させれば、途中で挫折することはありません。**

脳に「できる」と覚えさせること、「できている」プロセスを認識させること、どちらもとても大事です。

この2つをセットでやれば欲望実現までのスピードは加速しますし、自己肯定感も上がります。

私自身も、クライアントさんも、数字マジック脳で欲望をいくつも実現してきました。みなさんもそれに続くことを信じています。

第4章

お金の入り口を把握します

金脈開花の第一歩はお金の入り口の整理

前章で数字マジック脳を使った中で、お金の入り口を挙げるステップがありました。お金を手に入れるうえでも、このあと金脈をつくっていく準備としても、とても大事なプロセスなのでもう少し丁寧にやってみましょう。本章を読みながら「こんなところにもお金の入り口があったのか！」と目から鱗が落ちるかもしれませんよ。

まずは今あるお金の入り口を把握する

前章のステップ❽で書き出したのを見返していただきたいのですが、今のあなたにはお金の入り口はいくつありますか。

お金の入り口についてはじめて問われた人の多くはこのように答えます。

（勤めている方は）「お給料しかありません」
（起業している方は）「事業のお金だけです」
（専業主婦〈夫〉の方は）「夫（妻）が稼いだお金がすべてです」

仕事だけがお金の入り口だと思っていると、それ以外のお金の入り口がなかなか意識できません。

でも実は、お金の入り口はいろんなところにあります。それに気づくと、**「お金はすでに豊かに入ってきている」という事実を脳が把握し、もっとお金がある状態にしようと、さらなるお金の入り口を自然と探すようになります。**

脳のこの働きは、いっそうたくさんのお金を呼び込むだけでなく、あとで金脈づくりをするときにも役立ちます。

みなさんがますます多くのお金を受け取れるように、まずは、今あるお金の入り口をきちんと把握することからはじめましょう。ヒントとして、ここからは、私のクライアントさんたちのお金の入り口の事例をご紹介します。

まず1人目は、会社勤め、独身の30代女性です。金脈開花講座に来てくださったのですが、金脈を開花させていく前段階として、今あるお金の入り口を挙げていただきました。

彼女は最初「私にとって唯一のお金の入り口は会社からのお給料です。基本給は月○○万円。それで全部です」とおっしゃっていました。でも、いざ探してみるとお給料以外にもたくさん見つけることができました。またお給料ときちんと向き合ってみたら、基本給だけでなくさまざまな手当がついていること、ボーナスを毎年受け取っていることに気づけました。

一人暮らしの30代会社員のお金の入り口

・給与（基本給・在宅勤務手当・昇給手当・年1回の賞与）
・休眠口座　・18金ネックレス
・自社株配当金　・ネットフリマの売上金
・積立保険金　・マイレージポイント
・ポイ活
・手帳に挟まっていた現金5万円
・封筒に入れっぱなしだった現金1万円
・実家のご両親からもらった旅行代金

ご自身もこんなにもあったのかと驚いたようです。それまで「私にはお金の入り口が1つしかない」と思い込んでいたそうですが、そのブロックも外れたことでしょう。

彼女はその後も、何度もお金の入り口を探しているそうです。探せば探すほど増えていくとのことで「脳のRAS機能が働いているのだと思います。脳ってすごいですね」とおっしゃっていました。

次は、定年退職を間近に控えた50代女性です。もともと共働きでしたが、2年前にご主人が定年退職して年金暮らしに。またご自身も翌年に定年退職の予定で、老後資金が心配だと金脈鑑定に来られました。

「お金の入り口は主人の年金と私の給料、それに証券の配当金が少々です」とお話しくださり、いわゆる「老後2000万円問題」を気にされていました。近々家の改築も予定しており、ご主人の退職金がかなり目減りしそうなのも不安ということでした。

この方にも、お金の入り口を丁寧に探してもらいました。数日かけて探していただいたところ、「年金と給料と証券だけ」どころか、それよりもかなりたくさんの入り口があるとわかりました。

3人家族（ご夫婦・息子さん）の50代会社員のお金の入り口

・給料　・夫の年金
・証券の配当金　・銀行の利息
・厚生年金基金　・積立保険金
・休眠預金口座　・純金コイン
・住宅耐震改修特別控除・住宅特定改修特別税額控除

・リフォーム補助金
・固定資産税の減額
・ポイ活
・商品券
・年末調整の還付金
・ふるさと納税の還付金
・FX取引利益
・読まない新聞購読を解約
・息子が入れてくれる生活費月3万円
・夫方の母親の遺産
・妻方の両親の遺産

この方の見つけた大きなお金の入り口は遺産でした。お金の入り口をあちこち探してみた中で、親御さんとリアルなお金の話ができ、親御さんが亡くなられたときの遺産の額や相続税などについて腹を割って話し合えたのだそうです。

またリフォーム補助金や住宅に関する特別控除などがあると気づいて、申請方法や提出書類の書き方なども調べられたということでした。「持ち家の方は増改築時に自治体に申請すると、私の場合のように補助金がもらえたり特別控除を受けたりすることができます。ぜひ調べていただきたいです」とおっしゃっていました。

まとまった金額のお金の入り口を見つけて、老後の漠然とした不安が軽くなったのではないでしょうか。

お金の入り口をひとたび探すと、脳が自然と「お金の入り口を見つけるのは楽しいな」「ほかにもないだろうか」と、さらに別の入り口を探してくれるようになります。

今後、ますますお金の入り口が増えていくことが期待できます。

3人目は、ご夫婦で自営業をされている40代の女性です。お嬢さんの留学資金のお悩みで相談に来られました。

2代目であるご主人は「娘には、うちを継がなければとは思わないでほしい。それよりも、いい教育を受けて自分のやりたいことを自由にさせたい」と望まれているそうで、お嬢さん自身も留学に意欲的とのことです。

ただ、お金の入り口についてうかがうと「事業の売上で年収400万円程度」と心配そうでした。その日は、お金の入り口をしっかり探してほしいとの旨とともに、「娘を留学させたい」と事あるごとに人に話してみるといいですよとアドバイスしました。

すると後日、彼女からご報告がありました。なんと、知り合いの方から無料で交換留学にいける奨学金制度があると教えてもらえたそうなのです。

報告とともに、お金の入り口を書き出したものも見せてくださったので、こちらで共有します。

3人家族（ご夫婦・お嬢さん）の40代自営業のお金の入り口

・事業の売上
・義理の両親が使わせてくれるクレジットカード
・小規模事業者持続化補助金
・銀行の利息
・海外留学できる奨学金の受給

次は、独立開業されている40代女性です。開業準備をはじめたものの、退職金のほとんどを開業資金に使ってしまいそうなこと、老後の一人暮らしが心配なので今のうちからサービス付き高齢者住宅を購入したいがどうすれば購入資金をつくれるか悩んでいることなどをご相談に来られました。

この方には数字マジック脳の使い方をアドバイスして、ご自分の事業にも活かしていただきたいとお伝えしました。すると、開業に必要な数字を脳にピン留めしてＲＡＳ機能を働かせたおかげで、なんと退職金はほぼ使わずに開業にこぎつけたそうです。

一人暮らしの40代個人事業主のお金の入り口

・退職金（貯金の口座と投資の口座に配分）
・新事業の売上　　　　　　　・スタートアップ支援補助金

・青色申告特別控除
・家事按分による経費計上
・ポイ活
・クラウドファンディング
・駐車場代の経費計上

最後に「お金の入り口は夫の給料と、私のハンドメイド作品の売上です」とおっしゃっていた専業主婦の方のお金の入り口も見てみましょう。

専業主婦の方が自身の趣味を活かして作品やサービスをネットで販売することが、近頃増えています。そうしてしっかり収入を得ていても、お金の入り口について聞いてみると、かなりの人が「夫の給料だけ」とおっしゃいます。でも販売金額が多いか少ないかは関係ありません。ぜひお金の入り口の1つとして数え上げ、「ある」と認識してください。
「ある」を認識すればするほど、脳はもっと「ある」状態をつくりだすからです。

4人家族（夫婦と子2人）の40代専業主婦のお金の入り口

- 家族のお給料
- 講演会の出演料
- ダウンロード動画配信の売上
- ネットのアフィリエイト収入
- お米や野菜を送ってくれる両親
- 作品や型紙の販売売上
- ネットオークションの売上
- 動画配信の投げ銭
- よくご馳走してくれる先輩

この方はハンドメイド作品やオリジナルの型紙の販売だけでなく、つくり方を動画配信したり、講演会に出演したりもしていました。

このようなときはすべてまとめて「ハンドメイド関連」などとしないで、販売、配信、講演、それぞれ別の入り口としてカウントしてください。入り口の数が多ければ多いほど、脳がいい刺激を受けて、ますます数が増えていくからです。

たくさんのお金が「ある」を実感する

5名の方のお金の入り口を見てきました。あなたにも、意外とたくさんの入り口がありそうな気がしませんか。

自分以外の人のお金の話を聞いていると、こちらの脳も刺激を受けて、RAS機能もフル稼働します。

では、あなたの手帳やノート、または次ページのワークシートに、あらためてお金の入り口を思いつく限り書き出してみてください。

書き出したお金の入り口を眺めたり声に出して読んだりすると、

いっそうお金が「ある」、たくさんのお金が「ある」ことを実感できます。「ある」を実感し、脳に覚えさせることは、金脈を開花させていくうえでとても大事です

たとえばお金の入り口を探していて「昔の手帳に〇〇万円が挟まっていた」「タンス貯金が〇〇万円あったのを発見した」という話はよくありますが、そういうときには現金をじっくり見つめ、触り、香りもかいで、豊かさを存分に味わうようにしてください。

勤めている方なら、月に一度受け取る給与明細をじっくり眺めてみてください。ときには振り込まれた給与を全額引き出して、札束の厚みや重みを感じたり、お財布に入れてみたりして、リアルなお金の状態で実感するのもおすすめです。

積立保険や株式証券の月次レポートを丁寧に確認するのもいい習慣です。

WORKSHEET

私のお金の入り口

年　　月　　日

お金の入り口を思いつく限り書き出しましょう！

お金の入り口は細かく書くほどいい

概ねのお金の入り口は、左の一覧のどれかに当てはまります。自分のお金の入り口を探す際に役に立ててみてください。

ただしノートやワークシートに書き出す際は、左のようなそっけない言葉、リアルさを感じられない言葉で書くのではなく、もっと具体的に「私だけのお金の入り口」だと思える表現で書きましょう。

各種利息ではなく**「〇〇銀行の利息が年〇円」**とか、各種手当でなく**「〇〇（子どもの名前）の児童手当」**とか、誰かにもらった現金ではなく**「娘が生活費を入れてくれる」**とか。副業の収入があるなら、**なんのお仕事なのか**も書いておきましょう。**細かく書くほうが、その周辺の別の入り口が見つけやすいからです。**

お金の入り口の一覧（ざっくりとしたカテゴリー）

- 自分の収入
- 副業の収入
- 家族の収入
- 年金
- 株などの配当金
- 各種控除
- 各種利息
- 各種手当
- 補助金
- 還付金
- 保険金
- フリーマーケット売上金
- オークション売上金
- 各種ポイント
- 商品券
- 貴金属
- 芸術品や骨董品
- 不動産
- 誰かがくれた現金
- 贈り物やご馳走
- 家族や身内のクレジットカード
- しまったまま忘れていた現金
- 人から教えてもらった情報……

お金の入り口の傾向を知ると本数を増やすカギになる

もうこれ以上見つけられないというところまでお金の入り口を書き出したら、そこからが本番です。「思う」「考える」は億女の得意技でしたよね。意志の力と想像力でお金の入り口をますます見つけ、増やしましょう。

すでに見つかったお金の入り口を眺めてみると、なんらかの傾向が見られるはずです。そのあたりを探ると、新たな入口が見つかりそうです。

お金の入り口をさらに見つける3つの問い

自分のお金の入り口の傾向を認識すると、脳のRAS機能が勝手に発動して、ほかの入り口を探し出してくれます。

先ほど書き出したのを眺めながら、次の3つの問いかけをしてみてください。

❶誰からやってくるお金？

❷どこからやってくるお金？

❸なにがきっかけでやってくるお金？

たとえば休眠口座の通帳がたくさん見つかった人は、もう数冊あるかもしれません。タンスの引き出しの奥から現金を見つけたという人は、別のタンスに現金が収まっているかもしれません。

サブスクを解約して不要な支出を防いだ人は、ほかにも登録したことを忘れているサブスクがないか今一度探してみましょう。

執筆の副業がたとえ少額でも、お金の入り口として稼働しているなら、別の場面でも執筆のスキルが活かせるかもしれません。執筆の能力を活かせる案件を探してみましょう。

「お料理が得意で、家族も私の手料理が大好きです。4人家族の平均的な外食代は月1万7000円ほどだそうですが、うちは家族で外食することがまったくありません。これは私にとって、月1万7000円のお金の入り口だと思っています」という方は、お料理を家庭以外の場所で活かせないかを調べてみてはいかがでしょうか。

月1万7000円どころか、もっと大きなお金になりそうです。

お金の入り口はきっとまだまだあります。すでに気づいている入り口をヒントに、もっと増やしていきましょう。

第5章

強く太い金脈をつくります

潜在能力を掘り起こす8つの問いかけ

これからお伝えするのは、ご自分の中に秘められた潜在能力を掘り起こして金脈にしていく方法です。なにをするかというと、子ども時代の出来事、考えていたことなどを棚卸ししていきます。

この手法で見つかる金脈は、とても強くて太い金脈です。一生ものの仕事に直結する、人生をかけて活かし続けていく金脈になることもありえます。

まずは以下の8つの問いかけをして、答えられるものをノートか156～157ページのワークシートに書いてみてください。

答えられないものは、無理やり答えようとしなくてかまいません。

今の時点で書けることだけ書き出してみましょう。

太く強い金脈を掘り起こす8つの質問

❶子どもの頃に得意だったことは?
❷子どもの頃に夢中になってやっていたことは?
❸子どもの頃になりたかったものは?
❹子どもの頃にやりたかったけれどできなかったことは?
❺子どもの頃に誰かに言われた、よく覚えている言葉は?
❻子どもの頃から「あなたは○○だ」と言われることは?
❼これってみんなできると思っていたけれど、
「人よりできているのでは」と思っていることは?
❽あなたはどんな子どもだった?

自分の金脈をつくってみましょう。

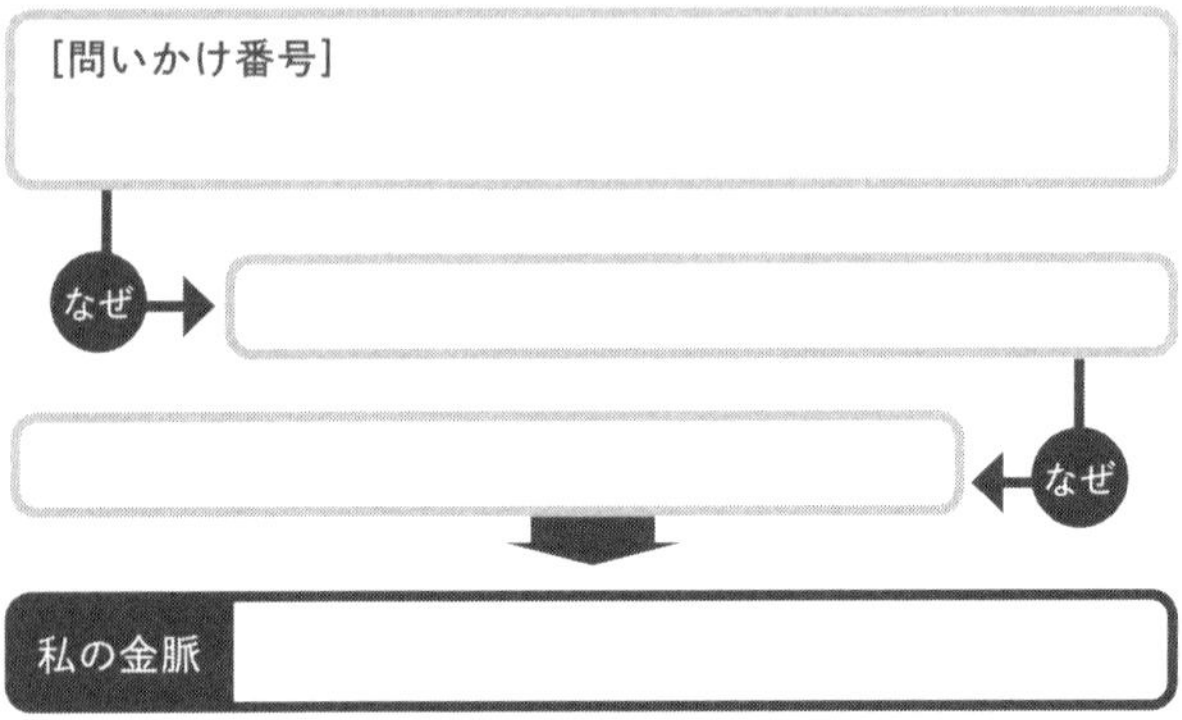

自分の金脈をつくってみましょう。

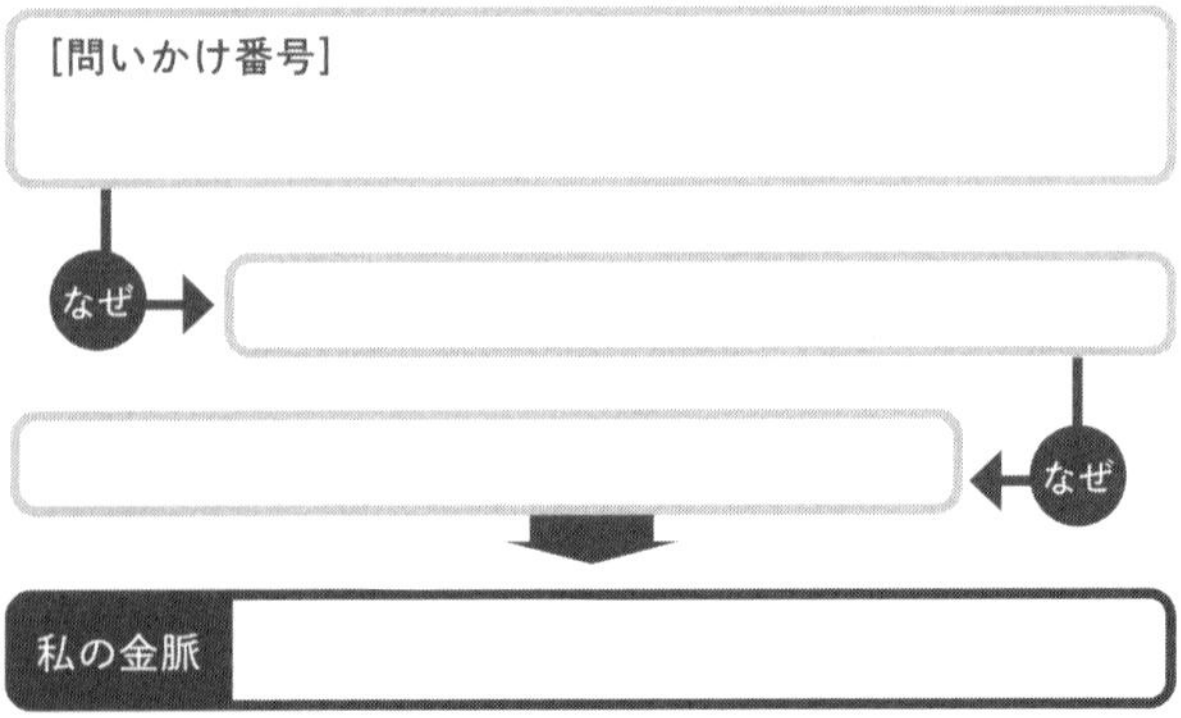

WORKSHEET

私の金脈づくり

年　　月　　日

【金脈づくりの問いかけ】

❶子どもの頃に得意だったことは?
❷子どもの頃に夢中になってやっていたことは?
❸子どもの頃になりたかったものは?
❹子どもの頃にやりたかったけれどできなかったことは?
❺子どもの頃に誰かに言われた、よく覚えている言葉は?
❻子どもの頃から「あなたは○○だ」と言われることは?
❼これってみんなできると思っていたけれど、
「人よりできているのでは」と思っていることは?
❽あなたはどんな子どもだった?

例

自分の金脈をつくってみましょう。

[問いかけ番号] ⑧
いつも教室の隅の机でじっとお友だちのことを観察していた

なぜ → おもしろかったから

なぜ → 人の違いや傾向を見つけるのがおもしろい

私の金脈　人それぞれの違いや傾向を見つけるのがうまい

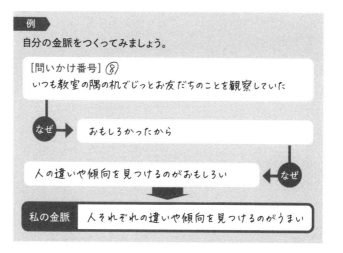

これらの質問への答えを書けるところまで書いたら、自分が書いた言葉を眺めながら、**「なぜ得意なの？」「なぜ夢中だったの？」「なぜなりたかったの？」のように、「なぜ？」「なぜ？」「なぜ？」と問いかけをして深掘りしていきます。**

子どもの頃のことを、うまく整理して思い出すポイントの1つは、そのときなにが起こったか、どんな感情だったか、なにを想像したかを分解して書き出すこと。第2章でもやった「事実＋感情＋想像」です。

私の場合、❽の「あなたはどんな子どもだった？」という問いかけに対して「いつも教室の隅の机でじっとお友だちのことを観察していた」という記憶が蘇りました。

「なぜ観察していたの？」と自分に問いかけると「おもしろかった

から」という答えが出ました。「なぜおもしろかったの？」と問うと「人それぞれの違いや傾向を見つけるのがおもしろい」という答えでした。

友だちの観察をしていた自分を思い出していたら、「そういえば、家に来るお客さんたちの観察をするのもおもしろかった。お客さんたちがほんとうのことを言っているか、嘘をついているかわかるのが、自分でも不思議だったな」のような記憶も呼び起こされました(実家では自営業をしていて、毎日いろんなお客さんが来ていたのです)。

そこから、自分の能力について「人それぞれの違いや傾向を見つけるのがうまい」とわかりました。

現在、多くのクライアントさんの金脈開花のお手伝いでは、この能力をフルに発揮しています。

私が「金脈の母」になる前、まだ金融機関に勤めていた時代には、こんな能力が自分にあるとは少しも思っていませんでした。

過去を振り返って人生の棚卸しをするのは、自分の才能を探すのに有用ですし、自分の才能を知ることは太い金脈に直結すると確信しています。

ここで、クライアントさんの棚卸しの例をご紹介します。

【私の金脈】
強く太い金脈を見つけて昇進！ 働き方も変わった！

会社勤めの30代女性のクライアントさんの話です。

彼女は一生懸命に働かれていたのですが、体調不良になってしまいました。それで「私にはこれといった才能がありません。でも今の働き方は合っていない気がします。転職しないとだめでしょうか。

私なんかに転職などできるでしょうか」とご相談に来られました。

この方に8つの質問をすると、まず❺の「子どもの頃に誰かに言われた、よく覚えている言葉は？」との質問に答えてくれました。

彼女は「お前はがんばればできる子なのに」とお父様に言われたことが、記憶の中にいつまでも色濃く残っているのだそうです。お父様は、けっして非難ではなく応援のつもりで言ったのだと理解はしているのに、それでも彼女の中では「がんばらないのはダメな子」としか思えないのだそうです。

そのまま社会に出て、「がんばらないと報酬がもらえない」という思い込みから、体を壊すまで仕事をがんばってしまったのです。

それは思い込みだと気づいた彼女は、「がんばらなくても、私はいるだけでいい」と脳にピン留めしました。

けっきょく彼女は会社を辞めず、定時に仕事を切り上げて帰るようにしたそうです。今では、ちょっと残業をしているだけでも、同僚や上司から定時上がりをすすめてもらえるようになったそうで、職場環境にもお給料にも不満はなくなったそうです。

彼女はまた、❶の「子どもの頃に得意だったことは？」についても「みんなと仲よくするのが得意だった」と話してくれました。いつも友達に囲まれていた子ども時代が思い出されたそうです。

そう言いながら彼女は、大人になった今でも、自然と彼女の周りに人がやって来て、悩み相談会がはじまっていることに気づきました。彼女は相手の話を聞きながら「うんうん」「そうだね」と相槌を打つだけだそうなのですが、それでみんな満足してくれるそうです。

そんな状況について「なぜ？」と問いかけると、「相手の望む言葉がわかる」が出てきて、さらに「なぜ？」と問うと「相手の希望を逆算して、最適なルートを見つけられる」と、彼女は自分の能力を掘り当てました。

自分の能力に気づいた結果、その力を職場で活かすことができ、彼女はまもなく昇進しました。また休日の副業として、キャリアアップのオンライン有料相談を開催するようになったそうです。

子ども時代を思い返すと、新しい自分の能力が発見でき、その能力が金脈に直結し、今の仕事がうまくいったり、別の仕事がはじめられたりします。また、ブロックに気づいて解除できる場合もあります。

彼女も子ども時代の棚卸しによってブロックを解除し、金脈を見つけました。その結果、働き方が変わり、仕事への満足度を回復。職場での活躍、昇進までスムーズに叶ったわけです。

【私の金脈】

新事業を立ち上げた！ 目標売上も達成！

33年の看護師経験を持つ50代女性のクライアントさんのお話です。病院勤務で師長まで務めた彼女は、仕事に行こうとすると突然、体が動かなくなったそうです。しばらく自宅で休養しましたが、このまま師長の仕事を続けたらもっと悪くなると病院を辞めて、ほかに自分を活かせる仕事を見つけようと思ったそうです。

はじめに起業塾に通って新たな道を探ってみたのですが、やりたい事業を見つけることができず、私のところに相談に来られました。

この方の金脈を見つける前に、「なぜ病院を辞めたのか」「病院勤務のなにが嫌だったのか」など病院を辞めた理由を聞いてみると、彼女は「共に働く同僚の意見をもっと拾い上げたかった。でもハードな業務の中ですり合わせをして疲弊《ひへい》していく自分のことが嫌だった」と言われました。

彼女に❶の「子どもの頃に得意だったことは？」を聞くと、「みんながなにをしてほしいかわかったから、率先してやっていた」と子どものときの自分を思い出しました。❽の「どんな子どもだった？」も思い出されて「家族の中で自分は意見のまとめ役だった」とも話してくれました。

また彼女が看護師長だったときには、あわやサービス残業になるところを、しっかり残業代が支払われるように管理部門に便宜を図ったり、みんながきちんと有休を取れるように働きかけをしたりと、いくつもの改革を行っていたことを話してくれました。

これらのことから「管理能力の高さと改革する力」が自分の金脈

だと気づかれて、そこを軸にして商品づくりをしていこうと、彼女は決意をされました。

その後、健康食のメニュー製作と健康サポートサービスで事業の立ち上げを果たし、数字マジック脳を使って、目標の事業売上月100万円も達成されたそうです。

この方のように、自分の金脈がわかると、職種を問わず、現実世界でその能力を活かせる道がたくさんあることがわかります。

金脈は、職種を問わず、人生をかけて活かせるのです。

【私の金脈】

自分の金脈を鍛えて収入の入り口をたくさんつくれた！

長年企業で事務職をされていた50代女性のクライアントさんのお話です。

退職後になにか新しいことをはじめたいけれど、自分になにができるのか知りたいと相談に来られました。

そこで、❼の「人よりもできていたことは?」と伺うと、「本を読んでいると誤字脱字が気になって、そのことを先生に伝えると『よく気づいたね』とほめられた」そうです。

大人になってからは、知らないことをネットで調べるときに、ほかの人とは違う視点でアプローチをして、雑多なネット上の情報から欲しい情報だけを引き出すことが得意だと話してくれました。知人からは「なぜ、こんなことがわかったの?」と驚かれることもしばしばあるそうです。

この方の金脈は、物事や文字を1つの集合体として見るのではなく、単体として見る能力が高いことがわかりました。その金脈を活かして「事務管理サポート」のお仕事をおすすめしたところ、現在は事務、SNS投稿の誤字脱字チェック、文章の添削などでお金を稼げるようになり、太い収入の柱となっているようです。さらにこの金脈を鍛えて収入の入り口を増やそうと考えているともお話しくださいました。

この方のように、子どもの頃の自分の中に金脈を見つけると、さらに「これも金脈かも」と思えるエピソードが大人になってからも出てきます。

子どもの頃の記憶だけでなく、大人になってからの記憶にも金脈のヒントは隠されています。そのどちらの記憶も手がかりにして掘り起こしをしていくと、金脈につながる特性、能力は案外すんなり見つけることができます。

金脈の片鱗は
大人になってからの記憶の中にもある

とはいえ、子どもの頃の記憶を辿って問いかけをしても、うまく金脈を見つけられない方もときにはいらっしゃいます。

そのときは大人になってからの記憶でよいので**「あなたは○○ね」と言われたことがあるかを思い返してみてください。**

またネガティブなことを言われた嫌な記憶も、金脈の掘り起こしにはとても有効です。

長所と短所は表裏一体で、ネガティブなことを掘り下げてみると、実は得意なことだったという例は多いです。

思い起こせる強い記憶は「気づきのサイン」であることは間違いありません。ためらわずどんどん書き出して金脈を見つけましょう。

角度を変えて深掘りするのが金脈探しのコツ

クライアントさんの金脈探しでよくしているのですが、子どもの頃に好きだったことが1つ見つかったら、角度を変えてさらに深掘りしてみましょう。

「なぜ好きなのか」「どんなところが好きなのか」「なにに興味があるから好きなのか」といった「好きな理由」や「好きな傾向」を詳しく聞いてみるのです。

たとえば、子どもの頃に「絵を描くのが好きだった」という人はたくさんいます。その方たちの記憶を深掘りしていくと、さまざまな好きな理由があるのがわかります。

子どもの頃に絵を描くのが好きだった人の「好きな理由」

- 色の配色が気になる
- 墨だけで描いてみたい
- 指で描く感覚が好き
- 写真のように正確に描きたい
- 塗り絵の縁を描きたい
- 線の内側を塗りつぶしたい

また子どもの頃に「本を読むのが好きだった」と答える人も多いです。

その方たちに「好きな本のジャンルは?」「その本のどこがいちばん好き?」と好きな傾向や理由を聞くと、そこから、その方のものの見方や行動パターンの特徴を探っていけます。

子どもの頃に本を読むのが好きだった人の「好きな理由」

・空想物語が好き
↓
未来をイメージする力が強く、
色々な人に成りきって未来を楽しんでいる

・魔法使いの話が好き
↓
直感が強く、霊視などを無意識にやっていた

・国語辞典が好き
↓
物の成り立ちがわかるのがおもしろい

・推理小説が好き
↓
人間観察がおもしろい

このように、子どもの頃の「好き」を基にして「なぜ」「どうして」を繰り返して深掘りしていくと、だんだんと金脈の姿が明らかになっていきます。また大人になってから「君は○○だね」と言われることがないかも併せて思い返して、そこに共通点があれば、金脈にスムーズに辿り着くことができます。

第6章

もっとお金を受け取るためのQ&A集

金脈のつくり方は本当にシンプル

この本のタイトルに「世界一シンプルな」とつけたのには理由があります。

億女になるのも、お金を受け取るのも、金脈を開花するのも、余計な道具も知識もなにもいらないのです。「思う」「考える」という作業をじっくり行うだけで、誰でももっと豊かになれるのです。もっと欲望を叶えられるのです。

たくさんのお話をいたしましたが、究極のところ「思うだけ」でいいのです。

オリジナルのワークシートもたくさんつくりましたが、慣れてくれば、シートもペンも使わずに脳内だけで作業をすることもできます。私は書くことが好きなので、ノートとペンを使ってイメージすることが多いのですが、外出先などでノートを広げられないときには脳内だけでもじゅうぶん事足ります。

繰り返しになりますが、お金や金脈についてイメージするときは、具体的に、細部まで思い描きましょう。そして楽しく行うのもとても大事です。

イメージを豊かに膨らませたら、そのイメージをどんどん周りの人と共有してください。逆に、周りの人がお金の話をしているのを聞くのもとてもいいです。楽しそうに話す人の言葉には、ご自身の金脈を開花させるきっかけがあふれています。

誰しも、お金を受け取る力を持っています。金脈も持っています。

そのことに気づきさえすればいいのです。気づくべきことに気づけば、あとは脳が勝手に状況を整え、お金を導いてくれます。

そう考えると「思うだけ」どころか、「気づくだけ」だともいえるかもしれません。ますますシンプルですね。

誰かの話が、誰かの金脈を開花させる

この本も最後の章となりました。この章ではお金や金脈に関するQ&Aをご紹介します。すべてクライアントさんたちとの間で実際に出てきたやりとりです。

私が主催する講座では、かなり高頻度でグループコンサルティング（以下、グルコン）を行っているのですが、私はグルコンが大好きです。というのは、誰かの話、誰かの気づきや成長は、ほかの誰かの気づきや成長につながるからです。グルコンでは、うれしい化

学反応が本当によく起きるのです。

だからこの本でもクライアントさんの事例をたくさん紹介しましたし、本の最後にはQ&Aを載せたいと思ったのです。

Q

欲望を1つ叶えたのですが次がなかなか叶いません

1つ目の欲望は驚くほど簡単に叶ったのですが、そこで止まってしまいました。

A

欲望はどんどん叶いやすくなるものです

「欲望が叶った」とすでに実感しているなら、脳はそれを覚えています。だから、2つ目の欲望実現は1つ目よりも断然スムーズなはずです。

2つ目の欲望が叶わないとのことですが、それは本当の欲望なのでしょうか？ あるいは、いくつもの欲望を一気に叶えようとしていませんか？ 私自身、欲望はいつもたくさんありますが、必ず優先順位を決めています。脳が第1希望の欲望に集中しやすいようにするためです。

すべての欲望について、叶った場面をイメージしてみましょう。最も豊かなイメージが湧くもの、イメージがしっくりくるものが第1優先です。

2つ目が叶えば、3つ目はもっとスムーズに、4つ目はもっともっとスムーズに叶います。

Q

欲望について人に語るのに抵抗があります

お金を手に入れるための情報を人が運んできてくれるのは理解しています。でも、自分の欲望を人に話すことにすごく抵抗があります。人に言わずにお金を受け取ることはできないでしょうか？

A

欲望を話すのは楽しいこと

欲望を話すことに抵抗があるのは、どこかにブロックが存在しているからです。

「お金の話をするのは恥ずかしい」なのか「欲望を人に言ったら邪魔される」なのか……。子ども時代の出来事が原因になっている、少々根深いタイプのブロックがある気がします。思い当たる出来事を探し、「事実＋感情＋想像」に分解する作業を繰り返し、ブロック解除しましょう。

欲望を叶えるのは、見栄や虚栄心を満たすためでなく、至上の喜びを味わうためです。欲望を次々叶えるのは、よりよい自分に変わっていくためです。あなたがよりよい自分になっていくのを、喜ばない人などいるでしょうか。

欲望は素敵なものですので、早くブロックを解除して、欲望を話すことを楽しんでください。

なお、もしあなたが欲望について楽しく語って、お相手が喜んでくれなかったとしたら、その人の中にブロックがあって、喜べないのでしょう。それはその人の問題ですので、気にしなくてかまいません。

Q

お金をもっと積極的に使いたいのですが

最近「払ったら、返ってくる」という言霊を使っています。返ってくるのなら積極的に払いたいと思っているのですが、なぜかここしばらく、払ってもらうばかり、奢られるばかり。全然払う機会がなくて困っています。

A

そういうふうに言霊が働くこともあります

困っていると言いながら、うれしそうにお話しくださってありがとうございます（笑）。

「返ってくる」の部分は叶っているのですから、言霊が適切に働いていると捉えてけっこうです。
言霊のとおりに現実が動くのはうれしいものですが、言霊以上の現実が叶うのはますますうれしいですね。払ってもらえたことをしっかり脳にピン留めしておけば、同じ現象がまだまだ起こりそうですね。

Q

数字マジック脳で老後の蓄えを増やしたいです

数字マジック脳を使って、欲しいものをゲットできました。ありがとうございます。ただ、お金が入って出ての繰り返しならできているのですが、老後の蓄えみたいなものにも数字マジック脳は使えるのでしょうか？

A

老後の蓄えについて具体的に考えてみましょう

答えは「使えます」なのですが、その前に、どうして老後のために蓄えようと思われたのでしょうか。それが心からの欲望なのであれば、いくら貯めたいか金額を脳にピン留めし、その金額でどんなな老後を過ごしたいのか詳細なイメージ、楽しいイメージを膨らませてみましょう。「なんとなく老後の蓄え」みたいなフワッとした欲望では、お金は入ってきません。

また多くの場合、老後の蓄えについて話す人は不安そうな顔をされている気がします。「老後が不安」というブロックがあるのかもしれません。「なぜ?」「なぜ?」と自分に問いかけてブロックを解除してから、楽しい気持ちで未来と向き合えば、数字マジック脳で必要な金額を手に入れられます。

Q

自分以外の人のためのお金も入ってきますか

自分の欲望を叶えるお金は入ってきたのですが、家族の願いを叶えるためのお金は入ってこないのでしょうか。

A

家族の願いが自分の願いであればお金は入ってきます

数字マジック脳に欲望とそれを叶えるために必要な金額が刷り込まれれば、誰のためのお金かは関係なく、お金は入ってきます。

ただし、「家族が幸せになりますように」のような曖昧な願いに対してRAS機能は動いてくれませんから、叶えたい家族の未来を明確にイメージして、お金を引き寄せてみてください。

Q

お金をもらいっぱなしなのは気が引けます

お金の入り口を探していたら、義理の両親は自分にとって重要なお金の入り口だと気づきました。両親たちは、いつもお金や食べものを惜しみなく与えてくれるのです。しかし、いつももらいっぱなしなのが申し訳ない気もしています。ちゃんとお返ししたほうがいいですよね？

A

お金もものも喜ばしく受け取りましょう

申し訳ないなんて思わないで、喜びいっぱいの表情で「お父さんお母さん、ありがとうございます！　うれしいです！」と受け取ってください。

ご両親の立場になって考えてみてください。あなたに「申し訳ない」「お返ししないと」と思わせるのは、ご両親の本望ではありません。あなたを喜ばせたいから、色々くださるのですよね。

もらったお金について「私も、誰かのために使わなければ」などとも、全然思わなくてかまいません。ぜひ自分を喜ばせるために使ってください。

喜ばしい気持ちでお金に触れていたら、脳は「もっと喜びたい!」と全力で金脈を探します。

それで実際にお金が入ってきたら、豊かさ、喜びをますます循環させるべく、大切な人のためにお金を使ってみるのはいかがでしょうか。

Q

取り柄のない私でも金脈はつくれますか

昔も今もこれといった特技がありません。これでは億女にはなれないし、金脈もつくれなさそうです。

A

金脈づくりに特技などいりません

この世に億女になれない人などいません！　得意なことが見当たらなくても、金脈は掘り当てられます！

自分はどんな子どもだったか、どんなことをしていたか、どんなことを考えていたかを思い返してみましょう。休み時間にはなにをしていましたか？　放課後にどんな過ごし方をするのが好きでしたか？

それを軸にさらに思い返してみると「これかな？」と思えるものが必ず出てきます。

私も、子ども時代のいちばんの記憶は「クラスメイトの観察」です。なんとも地味ですが、この記憶が引き金となって、金脈の母としての人生をスタートできました。

Q

正しく金脈をつくれているでしょうか

金脈づくりをやってみて、一応いくつか見つかりました。でもやり方が合っているか自信がありません。合っているか確かめる方法はありますか？

A

「どんな未来を叶えたいか」楽しい気持ちで思い描いてください

金脈は楽しい気持ちで探せましたか？

ただの作業のような認識でやっていても金脈は見つかりませんし、やり方が間違っていないか不安になるのも頷けます。

そもそもつまらないことは続けたくないですよね。「金脈を開花させて、どんな未来を叶えたいか」を楽しい気持ちで思い描いてください。「お金が入ってくるとうれしいよね」「こんなに入ってきたらすごいよね」とワクワクする気持ちで探してほしいのです。喜びや感動とともに探すと脳はますます金脈を探してくれるようになります。そのほうが脳のＲＡＳ機能も働きます。

そういうエネルギーで探していれば、あなただけのすばらしい金脈がきっと見つかります！

おわりに

大好きなことが増えれば金脈も増えていきます

子ども時代を思い返すと、いつも教室の隅で友だちを観察している、とても静かな少女だった私。

大人になってもいつも誰かを目で追っていて、「あの人はなにを考えているのだろう」「どんな気持ちなのだろう」と想像するのが大好きでした。

そのうち周囲の人たちだけでなく、自分自身も観察の対象になりました。ひたすら自分観察を続けていくと、怒涛の展開が待っていて、いつの間にか「億女の道」が出来上がっていました。

魔法でもなく奇跡でもありません。自分の好きなことを活かしただけ。それが原動力となって現実が動いたのです。

子どもの頃の自分を丁寧に思い返せばきっと気づくのではないかと思いますが、大好きなことは1人に1つとは限りません。大好きは無限にあっていいのです。

無限の大好きは、そのまま無限の金脈です。大好きが増えれば増えるほど、金脈が増えたり太くなったりして、お金はますます豊かに入ってきます。なんとすばらしいことでしょう。

この本をきっかけに、あなたの大好きに気づいてください。そしてどんどん金脈を増やし、育てていってください。

菅 美和

WORKSHEETS

ワークを何度もできるように

本書で紹介した

8種類のオリジナルワークシートを

まとめて収録しています。

コピーしてご活用ください。

「やりたいな」と思ったとき、

なにか欲しいものができたとき、

誕生日や開運日、暦の変わり目……

ご自身のタイミングで行ってください。

楽しい気持ちで何度も実践することで、

億女に必要な「想像力」が鍛えられ

ますますスムーズに

必要なお金を受け取れるようになります。

WORKSHEET

億女の定義

年　　月　　日

私にとっての億女を定義する

◆億女とは

◆億女とは

◆億女とは

◆億女とは

◆億女とは

◆億女とは

◆億女とは

WORKSHEET

欲望出し

年　　月　　日

自分の想像に制限をかけずに思うさまを書き出しましょう！

WORKSHEET

私にとって
お金とは・お金持ちとは

年　　月　　日

お金とは

◆お金とは

◆お金とは

◆お金とは

◆お金とは

◆お金とは

お金持ちとは

◆お金持ちとは

◆お金持ちとは

◆お金持ちとは

◆お金持ちとは

◆お金持ちとは

Hint!
・子どもの頃にあったこと
・周囲の人から、お金に関して言われたこと
・今の状況で、お金に関してモヤモヤを感じたこと

◆お金についての忘れられない出来事、違和感のある出来事は?

[事実]

[感情]

[想像]

◆お金についての忘れられない出来事、違和感のある出来事は?

[事実]

[感情]

[想像]

WORKSHEET

根深いブロックの外し方

年　　月　　日

◆お金についての忘れられない出来事、違和感のある出来事は?

［事実］

［感情］

［想像］

◆お金についての忘れられない出来事、違和感のある出来事は?

［事実］

［感情］

［想像］

WORKSHEET

私だけの言霊づくり

年　　月　　日

◆私の欲望

Change!

私の言霊

私の言霊

◆私にとっての億女像

Change!

私の言霊

私の言霊

◆私のブロック

Change!

私の言霊

私の言霊

WORKSHEET

私のお金の入り口

年　　月　　日

お金の入り口を思いつく限り書き出しましょう！

Step 5 左の Step 3 Step 4 の想像の中での自分の気分をイメージする

イメージしたことを思いつく限り書き出しましょう。

Step 6 欲望が叶ったとき、自分はどう変わっているかイメージする

イメージしたことを思いつく限り書き出しましょう。

Step 7 変化した自分は、周りの人とどう接しているかイメージする

イメージしたことを思いつく限り書き出しましょう。

Step8 へ

WORKSHEET

数字マジック脳の活かし方

年　　月　　日

Step 1 叶えたい欲望を1つ選択する

59ページの欲望出しのリストから1つ選んで書きます。はじめてワークを行う際は金額が明確な欲望がおすすめです。

Step 2 欲望を叶えるために必要な金額を記憶する

円

Step 3 欲望が叶ったときの自分の様子を脳にピン留めする

イメージしたことを思いつく限り書き出しましょう。

Step 4 未来の自分の周りの人たちの様子をイメージする

イメージしたことを思いつく限り書き出しましょう。

Step 11 「欲望が今にも叶いそう！」と現実空間で多くの人に伝える

現実空間で行います

Step 12 欲しいものの情報をたくさん集める

現実空間で行います

Step 13 現実的なお金を実感する

「ある」を実感した体験を書き残しておきましょう。

数字マジック脳が動かないときは、
もう一度 Step 3 から繰り返してみる

欲望を叶えるお金の引き寄せ成功！

Step 8 お金の入り口をひたすら書き出す

今あるお金の入り口を思いつく限り書き出しましょう。

Step 9 必要な金額を大きく書いて眺める

円

Step 10 前のシートの Step 3 から Step 7 をもう一度繰り返す

感じたことを書いてみましょう。

自分の金脈をつくってみましょう。

[問いかけ番号]

なぜ

なぜ

私の金脈

自分の金脈をつくってみましょう。

[問いかけ番号]

なぜ

なぜ

私の金脈

WORKSHEET

私の金脈づくり

年　　月　　日

【金脈づくりの問いかけ】

❶子どもの頃に得意だったことは?

❷子どもの頃に夢中になってやっていたことは?

❸子どもの頃になりたかったものは?

❹子どもの頃にやりたかったけれどできなかったことは?

❺子どもの頃に誰かに言われた、よく覚えている言葉は?

❻子どもの頃から「あなたは○○だ」と言われることは?

❼これってみんなできると思っていたけれど、
「人よりできているのでは」と思っていることは?

❽あなたはどんな子どもだった?

自分の金脈をつくってみましょう。

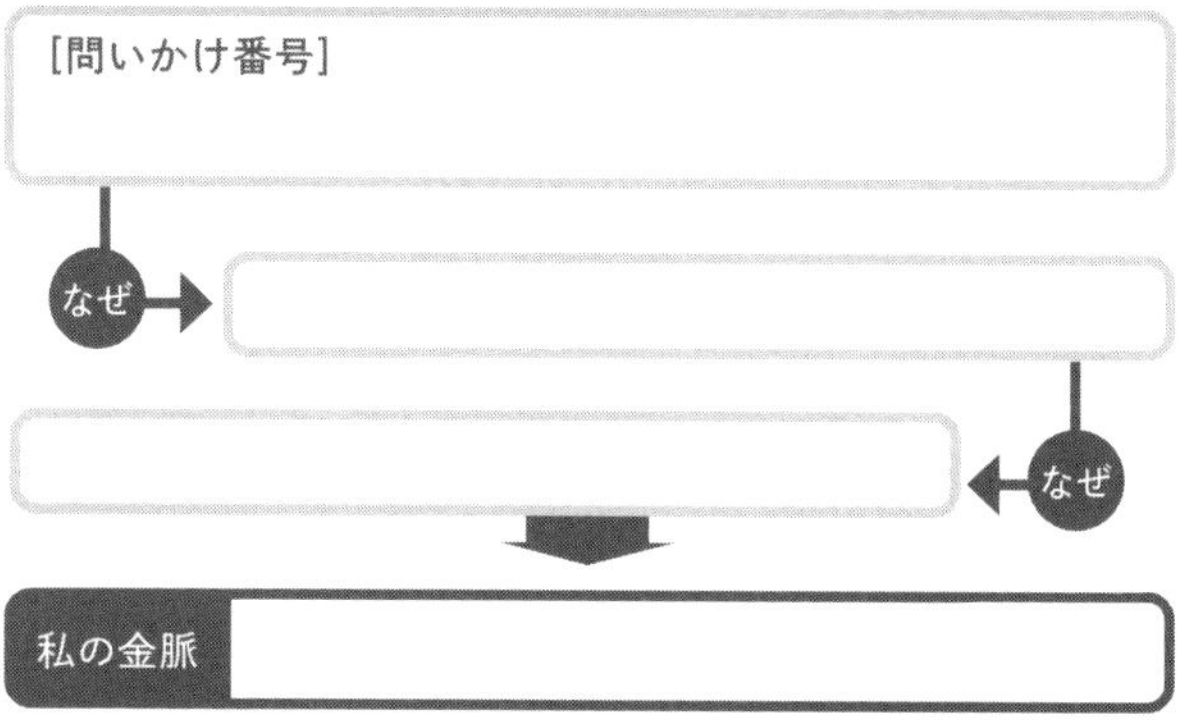

Profile

菅 美和（かん みわ）

実業家。起業コンサルタント。金脈の母。地元の短大を卒業後、金融機関に入行。結婚を機に専業主婦となるが、義父の借金1億円超を夫婦で背負う。ガンやうつを患うも、お金への思い込みが外れ、意識が変わり、その後たった5年で借金完済して病も軽快。以降、お金に関するセミナー、講演会、セッションを国内外で多数開催。また相談者の金脈を探す「金脈鑑定」や、中小企業経営者限定の無料相談を行っている。クライアントはのべ1万人超。

Instagram
@kan.miwa.official

YouTube
@kan.miwa.official

菅美和の金脈開花メルマガ
https://48auto.biz/kanmiwa/registp/entryform66.htm

ブログ
https://ameblo.jp/tanabota-hikiyose/

公式サイト
https://kanmiwa.com/

（2024年10月現在）

1億円《おくえん》の借金《しゃっきん》を完済《かんさい》して億女《おくじょ》になった私《わたし》が伝《つた》えたい

世《せ》界《かい》一《いち》シンプルな
金《きん》脈《みゃく》のつくり方《かた》

2024年11月20日　初版発行

著　菅《かん》 美《み》和《わ》

発行者　山下 直久

発行　株式会社KADOKAWA
〒102-8177　東京都千代田区富士見2-13-3
電話　0570-002-301(ナビダイヤル)

印刷所　TOPPANクロレ株式会社

製本所　TOPPANクロレ株式会社

●お問い合わせ
https://www.kadokawa.co.jp/ (「お問い合わせ」へお進みください)
※内容によっては、お答えできない場合があります。
※サポートは日本国内のみとさせていただきます。
※Japanese text only

定価はカバーに表示してあります。

ISBN 978-4-04-607263-4　C0095